»Herr Christian Koppe, Rath Verwandter und Stadt Hauptmann zu Berlin, widmete diesen Platz und dessen Umgebung im Jahre 1705 als Ruhestätte den Armen und Waisen, in deren Mitte Er selbst mit den Seinen ruhen wollte und ruht. Sein Andenken ehrt dankbar die Stadt Berlin 1855.«

In achtzehn Episoden wird vom Leben und Treiben der »kleinen Leute« im Kiez um die Koppenstraße erzählt: vom Kuhstall gleich nebenan, von Bäckerläden und Gemüsehändlern, vom Rose-Theater und Alhambra-Kino, von Schulzeit und Gelderwerb und von den vielen Familien, die das Haus Nr. 60 bevölkerten und von denen jede ihre eigene Geschichte hatte.

Angebote

Waldemar Brust

Kinder der Koppenstraße

Episoden aus dem Berlin der 20er und 30er Jahre

Verlag Tribüne Berlin

Umschlagfotos von Bernd Kühler

Fotonachweis
Sammlung Waldemar Brust (9),
Büro für stadtgeschichtliche Dokumentation und technische Dienste, Bildarchiv (3),
Verlag Tribüne (Fotos: B. Kühler) (4),
ADN-ZB/Archiv (2), Märkisches Museum (1),
Jutta Zimmer (1)

ISBN 3-7303-0463-1

1. Auflage 1989
Lizenz 2 · 612/89 · LSV 7005
Printed in the German Democratic Republic
Gesamtherstellung
Grafischer Großbetrieb Völkerfreundschaft Dresden
Bestell-Nr. 686 763 8
00250

Die Koppenstraße

Mitte der zwanziger Jahre war unsere Koppenstraße eine von vielen im Herzen des »roten Ostens«, wie der Stadtbezirk Friedrichshain genannt wurde.

Arbeiter und Kleinbürger bewohnten die unzähligen Mietskasernen. Berühmte Persönlichkeiten waren in ihr nie beheimatet. Ihren Namen verdankt die Straße dem Stadthauptmann Christian Koppe, der sich im achtzehnten Jahrhundert durch seine soziale Fürsorge um die Armen Verdienste erwarb. Am Koppenplatz im Stadtbezirk Mitte wurde ihm ein steinernes Denkmal gesetzt.

Die Koppenstraße begann am Stralauer Platz, auf dem die Andreaskirche stand, quetschte sich schmalbrüstig bis zum Schlesischen Bahnhof, jetzt Hauptbahnhof, hin und entfaltete sich erst unter der Eisenbahnbrücke zu normaler Breite. Von der Madaistraße bis zur Großen Frankfurter Straße glich sie einem riesigen Markt. Unzählige Geschäfte zeigten ihr umfangreiches Warenangebot. Außerdem wurde die rechte Straßenseite durch eine Vielzahl von ambulanten Händlern bevölkert, die ihre Ware durch lautes Geschrei anboten. Wer es eilig hatte oder kein Geld ausgeben wollte, benutzte die linke Straßenseite.

Hinter der Großen Frankfurter Straße hörte die Turbulenz schlagartig auf. Die Bewohnerinnen des Altersheims für weibliche Hausangestellte wurden nur noch vom Geräusch der Straßenbahnen aus der Großen Frankfurter Straße belästigt. Die kreuzende Friedenstraße mit dem Park der Auferstehungskirche beendete den Lauf der Koppenstraße.

Denkmal für den Stadthauptmann Christian Koppe am Koppenplatz im Stadtbezirk Berlin-Mitte. Die Inschrift lautet: »Herr Christian Koppe, Rath Verwandter und Stadt Hauptmann zu Berlin, widmete diesen Platz und dessen Umgebung im Jahre 1705 als Ruhestätte den Armen und Waisen, in deren Mitte Er selbst mit den Seinen ruhen wollte und ruht. Sein Andenken ehrt dankbar die Stadt Berlin 1855.«

Großstadtkühe

Es war nicht einfach, für eine sechsköpfige Familie in einer Eineinhalbzimmerwohnung Schlafgelegenheiten zu schaffen. Ich durfte auf der Chaise in unserer großen, zweifenstrigen Wohnküche schlafen. Obwohl sich das Familienleben hauptsächlich in dieser Wohnküche abspielte, mußte ich im Sommer um 19.00 Uhr ins Bett, im Winter bei Eintritt der Dunkelheit.

Frühmorgens hörte ich Hunde bellen, Pferde wiehern, Tauben gurren und Katzen miauen. Schaute ich dann aus dem offenen Küchenfenster, sah ich, daß ich nicht geträumt hatte. Im Nebenhaus Nr. 61 befand sich nämlich ein Kuhstall, der den Gabriels, einem Ehepaar mit fünf Söhnen und einer Tochter, gehörte. Bereits vor Sonnenaufgang klapperten die Milchkannen. Wenn nach dem Ausmisten der Kuhdung zum Misthaufen gefahren wurde, quietschten die Schubkarren. Wurde für die Tiere Wasser geholt, hörte ich die Geräusche des Hofpumpenschwengels. Dann wußte ich, es war für mich Zeit zum Aufstehen. Pünktlich um sechs Uhr begannen Gabriels mit dem Milchverkauf. Auf dem Hof standen bereits die Kunden aus den umliegenden Häusern.

Außer diesem Kuhstall gab es in Nr. 30 sowie um die Ecke in der Rüdersdorfer Straße noch weitere Molkereibetriebe. Nach einer amtlichen Viehzählung gab es in Groß-Berlin am 1. 12. 1928

25263	Milchkühe
32652	Schweine
9259	Ziegen
7674	Schafe
706556	Stck. Federvieh.

Von Gabriels jüngstem Sohn, Hans, der wie alle anderen Familienmitglieder kräftig zupacken

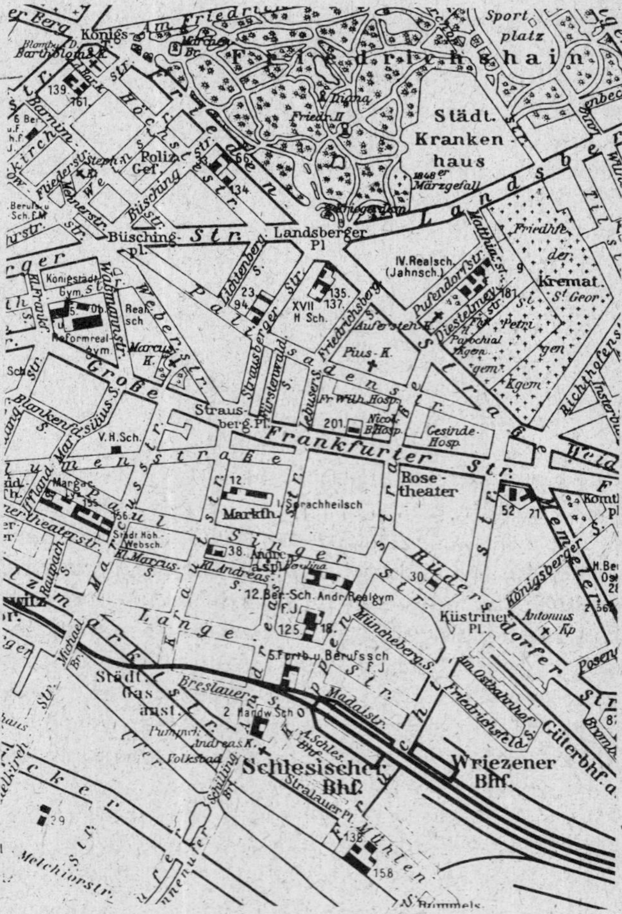

Stadtplan von Berlin (Ausschnitt) mit Koppenstraße, 1929

mußte, erfuhr ich viel von der Arbeit im Kuhstall.

Großstadtkühe kannten weder saftige Wiesen noch Regen oder Sonnenschein. Dicht an dicht standen sie im Stall angebunden. Zum Melken mußte der Schweizer die jeweilige Kuh an das Nachbartier drängen, um für sich, seinen Melkschemel und den Melkeimer Platz zu haben. Das Tageslicht sahen sie nur, wenn sie vom Viehhändler abgeholt wurden, weil sie nicht mehr genügend Milch gaben. Sie kamen dann zum Schlachthof oder wurden versteigert. Hierzu reisten Bauern extra nach Berlin, um diese Tiere für wenig Geld zu ersteigern und sie dann zu Hause auf gutem Weideland wieder hochzupäppeln.

Manchmal haben wir beim Verladen der Kühe zugesehen. Den vollgefressenen Viehhändlern durfte man nicht zu nahe kommen. Sie waren Grobiane, die mit dicken Knüppeln auf die Tiere einschlugen, wenn sie nicht schnell genug über die Laderampe auf den Transportwagen gelangten. Erlaubten wir uns Protestrufe, drohten sie, auch uns zu verdreschen.

In den Ferien drückten wir uns oft in der Nähe der Kuhställe herum, ohne daß es jemand bemerkte. Manchmal fragte Herr Gabriel: »Na, habta Lust, uff de Rieselfelda Gras zu holn, dann müßta aba früh um viere hia unten sinn. Stulln brauchta nich mitbringn, draußen schlachtn wa'ne Kuh.«

Stolz saßen wir neben ihm auf dem Bock, wenn es zweispännig durch die Straßen Berlins ging. Über Weißensee fuhren wir in Richtung Malchow – Lindenberg zu den Rieselfeldern. Hier hatten Gabriels Wiesen gepachtet. Wöchentlich holten sie zweimal Futter für die Tiere. Wenn wir die Stadt verlassen hatten und der Verkehr auf der Chaussee ruhiger wurde, gab uns Herr Gabriel manchmal die

Zügel in die Hand. Lotte und Grete kannten ihren Weg so gut, sie wären auch ohne Pferdeleine und ohne Kutscher ans Ziel gelangt.

Jetzt mußten wir Hilfsknechte uns tummeln. Wir harkten das Heu zusammen und luden es auf. So gut wir konnten, gingen wir dem Kutscher zur Hand, um beim nächsten Mal wieder mitfahren zu dürfen.

Herrn Gabriel merkten wir es an, daß er mit unserer Arbeit zufrieden war. Er fragte: »Na, nu habta aba Kohldampf, wa? Wolln wa ma filzen, wat de Chefin füa euch mitjejeben hat.« Er holte unterm Bock eine große Kanne Milch und eine vollgepackte lederne Markttasche hervor. Beim Auspacken zählte er unsere Köpfe und die Stullenpakete und meinte: »De Chefin hat jut jetippt, Köppe und Stulln stimmn jenau.«

Nach der Pause ging es weiter. »Jetzt ham wa uns jestärkt, und nu spuckt euch inne Foten. Bleibt ma aba von de Pelle, wenn ick mit de Sense det Gras uffn Wanst rücke. De Sense iss scharf wien Rasiermessa un een Been schnell ab!«

Wir hielten respektvoll Abstand, bis Herr Gabriel außer Reichweite mähte. Dann erst harkten wir das geschnittene Gras zum Trocknen auseinander. Als die Arbeit fertig war, stand die Sonne über uns.

»Krijt mia keen Sonnenstich«, warnte der Kutscher und forderte uns auf: »Lejt euch untan Wajen inn Schatten un ruht n bisken aus. Un dann jets heeme.« Inzwischen versorgte er die Pferde, packte die Tasche ein und gab uns den Rest Milch. Dann durften wir wählen: Kutschbock oder hinauf aufs Heu! Ich streckte mich da oben aus und merkte dann, daß mir der Buckel weh tat. Auf dem schwankenden Wagen schlief ich bald ein und erwachte, wenn wir bereits in der Greifswalder

Straße waren. Auf dem Kuhstallhof sagte Frau Gabriel: »Ihr seht ja aus wie jekochte Krebse. Laßt euch mal von Muttern einpudern.« Dann gab sie jedem noch ein paar Stullen.

Hundemüde kam ich heim. Der Rücken und das Gesicht brannten. Mutter sah sofort, daß ich mir einen Sonnenbrand geholt hatte. Sie bestreute meinen Rücken mit Kartoffelmehl. War das eine Wohltat!

Als ich ihr das Stullenpaket gab, freute sie sich, denn die Schnitten würden wir uns zum Abendbrot schmecken lassen. Vater war allerdings auf die Familie Gabriel nicht gut zu sprechen. Für ihn war der Kuhstall die Ursache für das viele Ungeziefer, das uns zu schaffen machte.

Kam Vater vom Spätdienst, fand er uns noch oft wach. Schmerzhafte Wanzenbisse ließen uns nicht einschlafen. Diese Viecher krochen durch alle Ritzen und marschierten an den Wänden hoch. Sie fühlten sich in Bettstellen und Matratzen am wohlsten.

Zu ihnen gesellten sich die Schaben, die auf dem Fußboden in der Küche ihre nächtlichen Paraden abhielten. Vaters Bekämpfungsmethoden halfen nur eine gewisse Zeit. Die Wanzen und Schaben blieben die Stärkeren.

Trotzdem blieb ich Gabriels treu und war dabei, wenn es hieß: »Wollta wieda mit zu de Rieselfelda?«

Das Elternhaus

Meine Mutter war die einzige Tochter eines Großbauern. Sie hatte drei Brüder. Als ihr Vater starb, ging sie das erste Jahr zur Schule.

Einige Jahre vorher hatte Bismarck das deutsche

Kaiserreich gegründet. Damals sprachen die Kinder ihre Eltern mit Frau Mutter und Herr Vater an und redeten mit ihnen in der dritten Person.

Der älteste Bruder übernahm den Bauernhof und wurde Vormund seiner Geschwister.

Meine Großmutter hatte als Witwe keinerlei Rechte, sondern nur Anspruch auf freies Wohnen und einen mäßigen Lebensunterhalt.

Der junge Herr behandelte seine Geschwister nach der Konfirmation, als wären sie Knechte und Magd. Meine Mutter erzählte uns nicht viel aus ihrer freudlosen Jugend, sie wollte nicht mehr daran erinnert werden.

Mein Vater, Sohn eines Waldaufsehers, lernte zeitig gehorchen und arbeiten. Sein Wissensdurst wurde von den Eltern bewußt gebremst. Sie sagten zu ihm: »Wenn du die Sense und ein Gespann führen kannst, wirst du kein Hungerleider sein.«

Daß er Schuhmacher lernen durfte und dann zum angesehenen Handwerkerstand gehörte, verdankte er dem Dienstherren meines Großvaters. Handwerker hatten schon damals bestimmte Privilegien. Das gewöhnliche Volk saß zum Beispiel in der Kirche auf harten Holzbänken. Die Handwerker durften sich ihre extra für sie abgeteilten Bänke polstern.

Die Hoffnung meiner Eltern, in der Ehe mehr Glück zu haben, wurde durch den reichlichen Kindersegen getrübt. Der gerahmte Spruch über dem Bett meiner Mutter

»Wo Kinder, da Segen,
Wo Segen, da Gott,
Wo Gott, keine Not.«

blieb eben nur ein Spruch. Die Kinder wurden geboren und starben meist im Kleinkindalter an Diphtherie, Scharlach oder Masern. Säuglingsfürsorge war unbekannt. Elf Kinder begraben zu müssen kostete meine Eltern viel Kraft.

Ich war der Jüngste, hatte zwei schon erwachsene Brüder und meine Schwester Herta. Bei meiner Geburt stand meine Mutter im 42. Lebensjahr, mein Vater war bereits 47 Jahre.

Meine Spiel- und Schulkameraden fragten mich oft: »Wirst du von deinen Großeltern großgezogen?«

An den Wochentagen wurde das Leben daheim durch den Schichtdienst meines Vaters bestimmt. Hatte er Tagesdienst, ging Mutter mit uns Kindern nachmittags in den Kirchpark, zum Friedrichshain, oder wir wanderten hinaus nach Hohenschönhausen zum Friedhof von St. Markus, um die Gräber zu pflegen. Im Winter schlenderten wir durch die großen Kaufhäuser von Jandorf, Wertheim oder Hermann Tietz. Allerdings nur, um die schönen Auslagen zu betrachten. Zum Kaufen fehlte das Geld. Unsere kleinsten Wünsche blieben unerfüllt.

Im Schenken konnten unsere Eltern nicht großzügig sein. Selbst zu Weihnachten lagen nur Kleinigkeiten auf dem Gabentisch. Für meine Schwester ein kleines Püppchen, für mich von Wertheim eine Aufzieheisenbahn für 95 Pfennig.

Geburtstage waren Tage wie alle anderen.

Morgens kurz vor sieben Uhr kam Vater vom Nachtdienst nach Hause. Als Mutter noch gesund war, legte er sich vormittags und nachmittags je zwei bis drei Stunden schlafen. In der anderen Zeit besohlte er für die Familie und einen großen Bekanntenkreis Schuhe. Was schimpfte er, wenn ihm bis auf die Brandsohlen durchgelatschte Schuhe gebracht wurden. »Mit solchen Gurken muß ich mich nun herumquälen. Merken denn die Menschen nicht, daß sie schon barfuß auf dem Straßenpflaster laufen?«

Im Spätsommer sorgte Vater für Kohlen und Holz. Als Eisenbahner bekam er das Brennmaterial über die Reichsbahn-Hausbrandversorgung billiger als beim Kohlenhändler. Dafür mußte er es sich mit dem Handwagen selbst aus der ‚Bromberger Straße holen. Trotz Geldknappheit war unser Keller immer voll. Zu frieren brauchten wir daheim nicht.

Der Sonntag war bei uns zu Hause der schönste Tag. Vormittags gingen die Eltern mit uns in die Markuskirche. Ihr christlicher Glaube gab ihnen Kraft für ihr schweres Leben. Wir wurden im gleichen Geist erzogen.

Wieder daheim, machte Mutter das bereits vorbereitete Mittagessen fertig. Während es an den Wochentagen keine Fleischgerichte gab, bekamen wir sonntags Rouladen, Kaßler oder Gulasch. Zwar mußten wir uns mit kleinen Fleischstückchen begnügen, aber dafür schmeckte Mutters Sauce prima. Dazu gab es Kartoffelklöße von rohen oder gekochten Kartoffeln und als Kompott im Sommer Rhabarber und im Winter Backobst. Nach dem Essen gönnten sich die Eltern ein Schläfchen, wir Kinder erledigten den Abwasch.

Nachmittags machte Vater manchmal den Vorschlag: »Heute gehen wir zum Rummelplatz« oder »Ich möchte mal wieder im Löwen-Böhmisch bei Militärmusik Kaffee trinken!« Zum Rummelplatz fuhren wir mit der Straßenbahn, Linie 64, vom Landsberger Platz bis zum Bahnhof Landsberger Allee. Hinter dem Bahngelände waren damals noch Wiesen, Lauben und der Rummelplatz.

Das Durcheinandergedudele der großen Orchestrions ging meiner Mutter auf die Nerven. Trotzdem durften wir Karussell fahren. Manchmal bekamen wir auch Zuckerwatte oder einen Luftballon. Den Heimweg machten wir stets zu Fuß, sonst wäre der Sonntag zu teuer geworden.

Am Eingang zum Gartenlokal der Löwen-Brauerei-Böhmisches Brauhaus Akt.-Ges. in der Landsberger Allee 11–13 stand einladend auf einem großen Schild:

»Hier können Familien Kaffee kochen.«

Sonnabends und sonntags spielte eine Militärkapelle. Mutter nahm »Gemischten« mit. Zu Hause gab es nur Muckefuck. Eine große Kanne heißes Wasser einschließlich Leihgebühren für die Tassen kostete 30 Pfennig. Mutter spendierte vom Kostgeld für jeden ein Stück Kranzkuchen. Vater widmete sich der Musik und schlürfte dabei den heißen Kaffee.

Hatte Mutter gute Laune, dann durfte er sie zu einem Tänzchen auffordern. Meist sagte sie: »Laß man gut sein, vielleicht beim nächsten Mal!«

Mitte der zwanziger Jahre mußte Mutter sehr viel arbeiten. Sie fuhr täglich nach Schöneberg in die Katzlerstraße, um meinem Bruder Karl zu helfen. Besser gesagt, um für ihn zu arbeiten. Der Schlauberger hatte auf Mutters Namen ein Lebensmittelgeschäft eröffnet, spielte nun den vornehmen Geschäftsmann.

Bevor sie sich auf den weiten Weg ins Geschäft machte, mußte sie meine Schwester und mich versorgen und in die Schule schicken.

Abends kam sie erst um 20.00 Uhr nach Hause.

Wir merkten, wie es mit unserer Mutter immer mehr gesundheitlich bergab ging. Vater verlangte, sie sollte nicht mehr ins Geschäft fahren. Mutter ignorierte sein Verlangen. »Wenn ich mich nicht ums Geschäft kümmere, geht der Laden pleite. Ich laß mich doch nicht mit meinem sauberen Namen vors Gericht ziehen.« Mit diesem Argument verteidigte sie ihr Verhalten, bis sie eines Tages schwerkrank wurde. Nun ging das Geschäft tatsächlich in wenigen Wochen pleite. Da es auf Mutters Namen lief, mußten die Eltern einen Berg von Schulden bezahlen.

Mutters Krankheit bereitete unserem Vater und uns Jüngsten viel Kummer. Weil er bei zwölfstündigem Tag- oder Nachtdienst nicht mehr Herr der Lage blieb, wandte er sich an unseren Pfarrer. Der sorgte dafür, daß die Diakonissenstation von St. Markus in der Weberstraße meine Mutter betreute.

Zu meiner Konfirmation hatte Mutter, gestützt vom Vater und der Krankenschwester Auguste, das erste Mal nach fast neun Jahren das Bett verlassen. Nun ging es langsam mit ihr aufwärts.

Mein Vater verlor trotz aller Sorgen und Nöte nie den Humor. Obwohl der Dienst auf dem Hauptstellwerk vom Schlesischen Bahnhof den ganzen Mann forderte, nahm er sich stets Zeit für die Familie. »Ich komme mit wenig Schlaf aus, die Hauptsache ist, Mutter und ihr Kinder habt euer geregeltes Leben«, sagte er.

So gut unser Vater war, so streng war er auch und duldete keinen Widerspruch. »Ordnung regiert die Welt und der Knüppel die Leute«, bekamen wir oft zu hören.

Ehrlichkeit galt ihm als höchstes Gebot. »Lügen haben kurze Beine«, brachte er uns frühzeitig bei.

Davon und von seiner Härte gegenüber ertappten Lügnern sollte ich selbst bald etwas zu spüren bekommen.

Während andere Kinder draußen herumtollten, mußte ich oft bei herrlichstem Sonnenschein am Krankenbett meiner Mutter wachen.

Vater hatte Nachtdienst. Als ich aus der Schule kam, fragte er mich: »Hast du Schularbeiten auf?«

Der Schlesische Bahnhof, heutiger Hauptbahnhof, um 1900

Nun wollte ich die Gelegenheit nutzen. »Nein, ich habe keine auf«, antwortete ich, obwohl es nicht der Fall war.

»Da kannst du bei dem schönen Wetter zum Spielen runtergehen. Ich bleibe bei Mutter und pfeife, wenn du nach oben kommen sollst.«

Ich war glücklich!

Kurz nach 17.00 Uhr ging Vater zum Nachtdienst. Als er die Wohnung verlassen hatte, packte ich die Schulmappe aus. Wie sagte Schiller? »Und das Unheil schreitet schnell!«

Kam Vater vom Dienst, hing er seine Taschenuhr im Küchenschrank auf einen Nagel. Wie der Teufel sein Spiel treibt, an diesem Tage vergaß er, die Uhr zum Dienst mitzunehmen. Er kam zurück, holte sie. Ein Eisenbahner ohne Uhr!

Ich war in meine Schulaufgaben vertieft. Auf seine Frage »Was machst du denn da?« antwortete ich prompt: »Schularbeiten.«

Bei einer Ausrede »Wir schreiben morgen ein Diktat, und da übe ich noch« wäre kein Gewitter aufgekommen. So aber hatte mein Vater seinen Jüngsten als Lügner ertappt. Er trug einen Leibriemen. Den schnallte er ab, legte mich übers Knie und verwalkte mich. Mutter schleppte sich aus dem Bett, um mich aus seinen Händen zu holen.

»Du wirst mich bestimmt nicht mehr belügen«, sagte er zu mir und ging zum Dienst.

Ich machte um Vater einen großen Bogen. Er nahm mich nicht zur Kenntnis. So blieb es wochenlang.

Eines Tages faßte mich Vater beim Schopfe und sagte: »Vergeben und vergessen!« Dann drückte er mich an sich. Das war für mich der schönste Augenblick.

Mutter hatte eine Stimme wie eine Nachtigall. Wie oft baten wir sie: »Mutti, sing uns doch ein paar Volkslieder vor.« Unsere Bitte wurde selten erfüllt. »Laßt man, Kinder, mir ist heute nicht singerisch zumute«, war ihre Antwort.

Während meiner Lehrzeit freute sich Vater, wenn ich ihn sonntags nachmittags auf einem Spaziergang in den Friedrichshain begleitete. Meine Einladung zu einem Glas Bier im Gartenlokal der Schultheiss-Patzenhofer-Brauerei, Landsberger Allee 24–26, schlug er mit den Worten ab: »Geh allein, Junge. Ich hör mir die Musik vorm Löwen-Böhmischen von einer Parkbank an der März-Gefallenen-Gedenkstätte an. Da ist die Akustik besser.«

Vater versäumte in der Markuskirche keinen Sonntagsgottesdienst. Kam er von der Nachtschicht, übermannte ihn oft die Müdigkeit, er schlief auf der Kirchenbank ein. Der Herrgott hat seinem treuen Diener dieses Einschlafen bestimmt nicht übelgenommen.

Obwohl er sich nicht politisch betätigte, interessierte sich Vater sehr für die Tagesereignisse und für politische Literatur.

Der Papiermühle in der Mühlenstraße wurden täglich über die Anschlußgleise vom Schlesischen Güterbahnhof leere und beladene Waggons zurangiert. Vater durfte sich von den zum Einstampfen vorgesehenen Büchern welche herausnehmen. So wurde aus unserer Bodenkammer allmählich eine Bücherstube.

Für mich war das von Vorteil. Ich konnte schon als Schuljunge manches Buch lesen, an das ich sonst nicht herangekommen wäre.

Am 10. Mai 1933 verbrannten die Nazis wertvolle Literatur. Das Geistesgut eines Thomas Mann, Maxim Gorki, Kurt Tucholsky, Heinrich Heine und vieler anderer wurde aus den Büchereien geholt und zur Vernichtung in die Papier-

Bierfahrer der Schultheiss-Patzenhofer-Brauerei

mühle befördert. Manche dieser Bücher brachte Vater ins Stellwerk und trug sie dann, mit dem Leibriemen unter die Uniform gebunden, nach Hause.

Eines Tages fiel ihm »Das Kapital« von Karl Marx in die Hände. Gehört hatte er gelegentlich etwas darüber. Nun wollte er es auch lesen.

Vor Schreck fiel ihm nicht ein, wie er ein so dikkes Buch ungefährdet vom Bahnhof bringen könnte. Als er zufällig den leeren Einbanddeckel einer Bibel fand, kam ihm ein Einfall. Er begann, für seine Kollegen sichtbar, kirchliche Schriften zu lesen und ließ sich sogar deswegen verspotten. In seiner alten Brottasche nahm er die gefährliche Bibel eines Tages mit. Nun saß er oft unter der Dachluke unseres Bodens und las in seiner Bibel.

Vater sträubte sich bis zum letzten Atemzug gegen ein Bekenntnis zum Nationalsozialismus. 1939 forderte ihn der Personalchef auf, zum 50. Geburtstag des Führers endlich in die Partei oder wenigstens in eine ihrer Gliederungen einzutreten. Er allein stehe vom ganzen Bahnhofspersonal noch abseits.

Vater konnte sich nicht beherrschen. »Laßt mich endlich auf meine alten Tage mit euerm böhmischen Gefreiten in Ruhe, sonst passiert noch ein Unglück.«

Das Unglück passierte, denn noch am gleichen Tage mußte er seinen Dienst bei der Deutschen Reichsbahn quittieren. Nun wurde er laufend vorgeladen und vernommen.

Sein plötzlicher Tod bewahrte meinen Vater vor weiteren Folgen.

Unser Wohnhaus Nr. 60

Wir wohnten in einem Mietshaus, das in seinem Aussehen allen Häusern der Koppenstraße glich: glatte graue Fassaden, ohne Stuckarbeiten und Ornamente. Der erste Eigentümer ließ es ausgangs des vorigen Jahrhunderts preisgünstig erbauen. In dem kurzen Abschnitt zwischen Große Frankfurter Straße und Rüdersdorfer Straße fielen nur die Häuser Nr. 27 und Nr. 63 aus dem Rahmen, sie hatten Balkons.

Unser Haus war nur drei Stockwerke hoch. Es stand geduckt zwischen höheren Nachbarn, als fürchte es, von ihnen erdrückt zu werden.

Hinterhäuser und Quergebäude gab es bei uns nicht, somit auch keine dunklen Höfe.

Doppelfenster, Innentoilette oder Bad kannte kein Hausbewohner. Jede Etage hatte eine Gemeinschaftstoilette auf dem Flur eine halbe Treppe tiefer.

In den Wohnungen und im Treppenhaus brannten Ende der zwanziger Jahre noch Gaslampen.

Ein großes Tor führte zu dem riesigen Hof, der sich bis zur Andreasstraße ausdehnte. In der Toreinfahrt befand sich der Treppenaufgang zu unserem Haus. Die eichene, mit dicken Eisenplatten beschlagene Haustür bedeutete für die Hausbewohner ein Alptraum. Selbst kräftige Männerhände mußten sich quälen, das altertümliche Schloß mit seinem riesigen Schlüssel zu schließen und die Torflügel zu bewegen.

Wir Kinder fanden das Tor prima. Es erinnerte uns an hartumkämpfte Ritterburgen.

Beim Betreten des Hofes fühlten wir uns in eine ländliche Gegend versetzt. An beiden Seiten befanden sich Pferdeställe, die Wohnungen der Kutscher, Werkstätten und in der Mitte eine große

Krausnickstraße 24
Eine ähnliche Eingangsgestaltung war am Hause Koppenstr. 60 zu finden, das während des zweiten Weltkrieges zerstört wurde.

massive Mistkute. Den größten Teil des Hofes nahm der eingezäunte Lagerplatz mit mehreren Schuppen ein. Hier wurden Furniere und andere Hölzer gelagert. Etwas abseits stand ein vierstöckiges Gebäude mit Bildhauerwerkstätten, Büroräumen und Wohnungen.

Was hätten wir Kinder nicht alles erleben können, hätte es nicht die dämlichen Spielverbotsschilder auf dem Hof gegeben. Unser Portier paßte genau auf, daß keines der Kinder durch die Toreinfahrt schlüpfte. Wir fürchteten uns vor diesem Mann mit Herkulesfigur, den noch niemand ohne Peitsche in der Hand gesehen hatte. Er erwischte mich einmal. Ich gönnte ihm nicht die Freude, mich heulend zu sehen. Mit geballten Fäusten und Rachegedanken rannte ich vom Hof. Abends sah mein Vater die Striemen an meinen Beinen. Er knöpfte sich den Kinderschreck vor. Nun entpuppte sich der Goliath als Feigling.

24 Familien mit 40 Kindern bevölkerten unser Haus. Sie bildeten, mit wenigen Ausnahmen, eine große Gemeinschaft. Ich kann mich nicht entsinnen, daß es einen richtigen Hauskrach mit Klopperei gegeben hätte. Selbstverständlich traten auch kleine Meinungsverschiedenheiten auf, die meist durch Streit unter den Kindern entstanden. Wenn dann wirklich ein paar saftige Kraftausdrücke fielen, wurden sie schnell wieder vergessen. Jeder kannte jeden. Groß und klein grüßte sich beim Zusammentreffen, und die Erwachsenen fanden auch Zeit für ein kurzes Gespräch. Die gegenseitige Hilfsbereitschaft begann beim Mitnehmen des Mülleimers zum Müllkasten, wurde mit dem Aushelfen nicht vorrätiger Lebensmittel fortgesetzt und hörte selbst bei Geldangelegenheiten nicht auf. Stand der Gasmann vor der Tür und wollte kassieren, pumpte die Nachbarin das fehlende

Geld, damit das Gas nicht abgesperrt und die kargen Mahlzeiten weiter gekocht werden konnten. Die Rückzahlung erfolgte ohne Mahnung am Lohntag oder nach Erhalt der nächsten Arbeitslosenunterstützung.

Einmal zog ein junges Paar als neue Mieter ein, das sein geringes Mobiliar mit einem geliehenen Handwagen transportierte. Um die Leihgebühren niedrig zu halten, stellte es seine Habe auf dem Hof ab und schob den leeren Wagen zum Verleih zurück. Da fing es an, wie aus Eimern zu regnen. Bei seiner Rückkehr fand das Pärchen den Hof leer, die Habseligkeiten standen bereits in der Wohnung.

Bei der großen Arbeitslosigkeit kam es schon vor, daß eine Familie die Miete nicht pünktlich bezahlen konnte. Der Hauswirt fackelte nicht lange, er ließ die bedauernswerten Menschen schnurstracks zwangsweise exmittieren. Der Gerichtsvollzieher behielt einen Teil der Möbel für die Mietrückstände ein, den Rest ließ er auf die Straße stellen. Der Nachbar gewährte den Obdachlosen Unterkunft und stellte die verbliebene Habe im Keller unter, bis sie eine neue Bleibe gefunden hatten.

Urbans wohnten über uns im dritten Stock: Mutter, die beiden Töchter Lene und Grete und der Sohn Hans. Frau Urban erzählte, ihr Mann sei im ersten Weltkrieg gefallen. In Wirklichkeit hatte er die Familie verlassen, weil er die übertriebene Frömmigkeit seiner Frau nicht mehr ertragen konnte. Er lebte in Amerika, in den zwanziger Jahren das Ziel vieler mittelloser Europäer. Der Postbote brachte manchmal ein Paket. Frau Urban behauptete dann, es käme von ihrem Schwager. Die Tratschtanten wußten es besser, ihre Röntgenaugen hatten den Absender entziffert. Sie erzählten, das Paket sei stets an die Kinder adressiert.

Frau Urban galt als fleißige Frau und hilfsbereite Hausbewohnerin. Tagsüber arbeitete sie als Änderungsschneiderin im Kaufhaus Hermann Tietz in der Leipziger Straße. Bis in die Nacht hinein nähte sie daheim auf ihrer Nähmaschine als Heimarbeiterin für Zwischenmeister. Daß sie dann noch täglich um 5.00 Uhr früh zur ersten Messe in die Kirche lief, wurde im Haus als übertrieben angesehen.

Als ihre Kinder schulpflichtig waren, kümmerte sich meine Mutter um sie, sorgte dafür, daß sie pünktlich zur Schule gingen und die Mahlzeiten einhielten.

Grete, die jüngste der beiden Töchter, nahm es zum Leidwesen der Mutter mit der Frömmigkeit nicht so genau. Quicklebendig und voller Lebenslust frönte sie am Wochenende dem Tanzvergnügen. Natürlich verschlief sie sonntags prompt die erste Messe, wofür die Mutter kein Verständnis hatte. Die Strafpredigt blieb für die mißratene Tochter nicht aus, konnte von der Nachbarschaft ungewollt mitgehört werden. Mein Vater fragte oft: »Ob das der Kaplan in der Messe gepredigt hat?«

Hans Urban spielte Fußball. Wir Bengels betrachteten ihn als unser Idol, gehörte er doch zum bekannten Fußballverein »Hertha-BSC«. Sein Trainer hieß Hanne Sobek.

Hans war ein prima Kumpel. Er erzählte uns oft vom Training und zeigte uns seine Balltechnik. Unsere Gesichter glühten, wir riefen spontan T o o o r, T o o o r, wenn Hans einen gelungenen Angriff seiner Mannschaft schilderte. Im Kirchpark an der Friedenstraße oder auf der Weberwiese versuchten wir, den Stürmer Hans nachzuahmen. Am Abend gab es daheim vom Vater ein kräftiges

Donnerwetter, weil die Schuhspitzen durch unsere Töpperei ramponiert waren. Mein einziges Paar Schuhe! Ich sollte es nur auf dem Schulweg und zum Kirchgang tragen.

Jungfer Heide wurde die alleinstehende Dame fortgeschrittenen Alters genannt, die unter uns im ersten Stock wohnte. Sie selbst machte daraus »Jungfernheide«. So hieß eine ausgedehnte Parkanlage im Nordwesten Berlins. Wir liebten Fräulein Heide. Sie beschäftigte sich viel mit uns »Rotzneesen«. Als Urberlinerin besaß sie Humor. Daß wir uns über sie manchmal lustig machten, störte sie kaum. Trotz Spielverbot für Nr. 60 verführte sie uns dazu, mit ihr im Treppenhaus Verstecken zu spielen, und dehnte das Spiel sogar auf den Vorderhof aus. Ich entsinne mich, daß uns der verhaßte Portier einmal dabei ertappte. Sein Zorn richtete sich nicht nur gegen uns Kinder, er ging wutentbrannt auch gegen unsere »Jungfernheide« vor und wollte handgreiflich werden. Sie griff den Kerl mit scharfer Zunge an: »Männeken, erdreiste dich nur, mich anzufassen, dann sollst du aber die olle Jungfernheide kennenlernen. Das Jüngste Gericht bricht über dich herein, und ich rupfe dich wie eine Weihnachtsgans. Den Kindern machst du Fettwanst jede Freude streitig, aber bei mir fährst du durchs Fegefeuer.«

Den Bauch voller Zorn, trat der Portier den Rückzug an. In Fräulein Heides Wohnung feierten wir ihren Sieg.

Unter der Jungfer Heide wohnte im Hochparterre der Fuhrunternehmer Kosche mit Frau und Tochter. Ihm gehörten an die 20 Pferde, schwere Belgier mit breiter Kruppe, die als kräftige Zugpferde schwerbeladene Wagen ziehen mußten.

Ein eigenwilliger Mann war dieser Kosche, dem Tiere mehr bedeuteten als Menschen.

Herr Kosche fuhr selbst täglich mit seinem Gespann Kohlen von den Bahnhöfen ab. Während seiner Abwesenheit hörten wir oft aus seiner Wohnung Gesang und Lachen. Bei seiner Rückkehr wurde es still im Hochparterre.

Für Übermut und Fröhlichsein hatte Herr Kosche kein Verständnis. Hopsten wir schwungvoll die Treppen hinunter, riß er die Wohnungstür auf und brüllte uns an, daß wir schleunigst das Weite suchten. Frau Kosche steckte uns oft heimlich Bonbons zu.

Bei einem kranken Pferd saß Herr Kosche Tag und Nacht im Stall in dessen Buchte. Krepierte ihm ein Pferd, verkroch er sich tagelang.

Auf der linken Seite des Vorderhauses wohnten jeweils zwei Mietparteien auf einem Korridor.

Familie Mahlke hatte in der dritten Etage die hintere Wohnung. In Küche, Stube und Kammer lebten Mutter, Vater, die zwei Töchter Anita und Erika, der Stiefsohn Egon, der Nachkömmling Paulchen sowie Tante Lene.

Als Erbe eines gutrenommierten Kutschen-und-Kremser-Fuhrbetriebes hatte sich Vater Mahlke zu sehr mit dem Teufel Alkohol verbrüdert, alle Braut- und Trauerkutschen sowie Kremser nebst dazugehörigen Pferden versoffen und sich selbst zum Wochenlohnkutscher degradiert. Die Pferde fanden den Heimweg, auch wenn der besoffene Kutscher schlafend auf dem Bock saß. Wenn wir das Gefährt mit den Droschkengäulen vor unserer Haustür sahen, tanzten wir um die Droschke herum und sangen:

»Ach, wie ist's gemütlich
auf der Pferdebahn.

Das eine Pferd, das zieht nicht,
das andere, das ist lahm.
Der Kutscher ist betrunken,
sieht Fahrgast nicht noch Pferd.
Er ist in Schlaf versunken,
um gar nichts er sich schert.«

Die Hausbewohner erlebten oftmals tolle Szenen. Erst verdrosch der Trunkenbold seine Frau und die Kinder. Dann wurde er von der ganzen Familie verdroschen, aus der Wohnung hinaus- und die Treppe hinuntergeschmissen. Kurze Zeit später traf sich die Familie auf der anderen Straßenseite in der Kneipe »Zur kleinen Bierquelle« und feierte Versöhnungsfest.

Um die Familie nicht Hunger leiden zu lassen, ging Frau Mahlke in die stadtbekannte Bonbonfabrik Kanold arbeiten. Während der Arbeitszeit durften die Frauen soviel Bonbons lutschen, wie es Magen und Zähne vertrugen. Mancher Bonbon wanderte in ihre Schürzentaschen und daheim in meinen Mund.

Anita war ein frühreifes Mädchen. Sie hatte im häuslichen Milieu manches aus der Intimsphäre der Erwachsenen aufgeschnappt und brüstete sich damit. Am liebsten spielte sie Vater, Mutter und Kind. Dabei gebärdete sich die Elfjährige, daß wir Angst bekamen und glaubten, sie habe Krämpfe. Wir waren viel zu dumm, um ihre Ferkeleien zu begreifen.

Wenn wir im Sommer zum Friedrichshain oder zur Weberwiese baden gingen, spazierten wir splitternackt ins Wasser. Badehosen hatten wir nicht, und die Schlüpfer unserer Schwester anzuziehen, schämten wir uns. Anita fand Spaß daran, die Jungen unsittlich zu necken. Schimpften die Erwachsenen darüber, stellte sie sich taub.

Anita änderte sich auch als Backfisch nicht, sie

fiel durch ihr ordinäres Verhalten überall auf. Dabei hatte dieses Luder nicht nur schlechte Eigenschaften. Sie konnte prima singen, tanzte wie eine Spanierin und träumte davon, Tänzerin zu werden. Das Elternhaus nahm keine Notiz davon. Die Schule ebenfalls nicht, weil Anita dieser lästigen Pflicht selten folgte. Sie ging lieber um die Schule herum als hinein. Wir dagegen blickten zu ihr hoch, hörten gern zu, wenn sie die modernen Schlager »Am Pipo, am Popo, am Potsdamer Platz, da hab' ich ein Stübchen für mich und meinen Schatz ...« oder »Heut' war ich bei der Frida, das tu ich morgen wieder, denn so was wie die Frida war noch nie da ...« vortrug.

Sangen wir Volkslieder, schwieg Anita. Die kannte sie nicht. Woher auch? Nur den Anfang von »Du, du liegst mir im Herzen« sang sie oft. Wir glaubten, sie lebe dabei in einer Märchenwelt. Die Einladung der Mädchen, zum Singen in den Kirchenchor mitzugehen, schlug sie mit den Worten aus: »Soll ick dem Pfaffen Liebeslieder vorsingen?«

Bei Anita erwachte frühzeitig der Liebeshunger. Hotelzimmer kosteten Geld, über das verfügten ihre Kavaliere nicht. Sie legte auf Bequemlichkeit keinen Wert, verlangte nur kräftige Burschen.

So entdeckte Anita den nicht mehr genutzten Keller einer ehemaligen Tischlerei als Liebesnest. Daß hier einmal Särge hergestellt worden waren, störte sie nicht. Die Liebesszenen wären unentdeckt geblieben, wenn Anita und ihre Liebhaber auf das Rauchen verzichtet hätten.

Doch eines Tages passierte es. Der Portier lag im Krankenhaus. Auf Entdeckungsreisen befindliche Kinder sahen den aus einem zerschlagenen Fenster entweichenden Rauch und dachten, ein Feuer sei ausgebrochen. Dies auf dem riesigen Hof einer Holzfirma! Sie hatten nichts Eiligeres zu tun, als die Feuerwehr zu alarmieren. Die rückte in kürzester Frist an. Sieht die Feuerwehr Rauch, sind die Schläuche in Sekundenschnelle ausgerollt, und es heißt: »Wasser marsch!«

Die sich zum angeblichen Brandherd vorkämpfenden Feuerwehrmänner fanden statt des Feuers ... zwei Nackedeis, die auf eine derartige Abkühlung ihrer Gefühle nicht vorbereitet waren.

Da gab es für Nr. 60 Gesprächsthemen. Ein ganz Pfiffiger präsentierte auch gleich einen Gassenhauer:

»Im tiefen Keller liebten sich Anita und Herr Hackig.
Da kam die tüchtige Feuerwehr und fand sie beide nackig!«

Wenn das keine Reklame für Anita war, würde sie wohl ewig eine Kellerassel für die Nummer SEXig der Koppenstraße bleiben.

An Anitas jüngere Schwester Erika kann ich mich nicht mehr erinnern. Sie ist niemals aufgefallen. Kaum achtzehnjährig, schwängerte sie ein Tausendsassa. Mit 23 Jahren erhielt sie bereits als jüngste Mutter mit 4 Kindern das von den Nazis gestiftete Mutterkreuz. Ihre Angehörigen verhöhnten sie: »Nur weiter so, Deutschland braucht Soldaten!«

Wir bewunderten Tante Lene. Sie besaß eine Engelsgeduld und ertrug die Zustände bei Mahlkes ohne Murren. Obwohl der Bruder auch ihr Erbteil verjubelt hatte, nahm sie das unruhige Leben und die Wohnverhältnisse auf sich. Es wurde behauptet, sie liebe ihren Bruder, trotz aller Fehltritte, abgöttisch.

Der Stiefsohn Egon galt als krasser Außenseiter der Familie. Die Mutter hatte ihn als uneheliches Kind in die Ehe gebracht. Vom Stiefvater verachtet, hielt der Junge zur Mutter und versuchte, ihr das Leben etwas erträglicher zu machen.

Egon war in unserer Straße sehr beliebt. Die junge Weiblichkeit warf dem hübschen Bengel sehnsuchtsvolle Blicke nach. Er verliebte sich in ein jüdisches Mädel.

Unserem Haus gegenüber, in Nr. 27, bewohnte eine wohlhabende Kaufmannsfamilie die zweite Etage. Die jüngste Tochter, Rebekka, schaute oft stundenlang aus dem Fenster oder vom Balkon. Bis sie eines Tages im dritten Stock von Nr. 60 Egon Mahlke erblickte und sich in ihn verliebte.

Wenn ich nun abends und an Sonntagen die Geschehnisse in der Koppenstraße beobachtete, bemerkte ich Fräulein Rebekka, die zu dem Mahlkeschen Fenster schaute. Und Egon blickte aus der dritten Etage zu ihr herunter. Das Pärchen unterhielt sich durch Zeichensprache. Es dauerte nicht lange, da trafen sie sich auf der Straße, um gemeinsam einen Schäferhund auszuführen.

Durch Tratschweiber der Koppenstraße erfuhr Rebekkas Familie von dem Verhältnis. Rebekka war die Tochter gutbetuchter Eltern, Egon war arm wie Hiob. Außerdem hatten seine Angehörigen einen schlechten Ruf. Rebekkas Eltern verboten die Tändelei. Ihre Ansicht, der junge Mann wolle sich nur persönliche Vorteile verschaffen, trieb die Tochter zu dem Entschluß, das Elternhaus zu verlassen.

Wilde Gerüchte kursierten. In der Nachbarschaft wurde sogar von einem Selbstmordversuch gemunkelt.

Egon und Rebekka heirateten. Sie bezogen im Vorderhaus des Kinos »Alhambra« in Nr. 29 eine Einzimmerwohnung.

Weihnachten 1932 wurde ihr Sohn geboren.

Wochen später kam Hitler an die Macht.

Bald erfuhr Egons Arbeitgeber von der jüdischen Frau. Egon wurde entlassen, scheute sich jedoch nicht, nun als Toilettenreiniger öffentlicher Bedürfnisanstalten den Lebensunterhalt zu verdienen. Ich sehe ihn in meiner Erinnerung mit seinem Dreirad durch die Gegend fahren. Hinter dem Sattel die Ladefläche vollgestellt mit 5-Liter-Blechkannen, die mit Pissoiröl gefüllt waren. Der Inhalt hatte einen penetranten Geruch.

Schließlich sollte sich Egon von seiner Frau scheiden lassen. Er blieb standhaft.

Wegen Rassenschande wurde Egon verhaftet und verurteilt. Dann wurde der jüdischen Mutter das Kind weggenommen. Der Kleine sah weder Vater noch Mutter jemals wieder. Rebekka trat, gemeinsam mit ihren Eltern, den Leidensweg vieler jüdischer Bürger an. Sie kehrte nicht mehr zurück.

Auf dem Boden des Hauses, aus dessen Fenster Egon mit seiner Rebekka die ersten verliebten Blicke wechselte, fand man ihn, erhängt.

Alle Kritik verstummte.

Mit meinen dreizehn Jahren konnte ich nicht begreifen, warum diesen untadeligen Menschen soviel Unrecht zugefügt wurde.

Die alte Oma Beck werde ich mein Leben lang nicht vergessen. Sie bewohnte Stube und Küche im vorderen Teil des Korridors und wurde ungewollt Zuhörer der sich bei Mahlkes abspielenden Familiendramen. Darüber klagte sie den Hausbewohnern oft ihr Leid.

Wir nannten Oma Beck »Pfannkuchen mit Beinen«. Sie lachte darüber. Ich habe sie oft im Treppenflur beobachtet, wenn sie ihre Körperfülle unter großem Kraftaufwand von Stufe zu Stufe am Treppengeländer hochzog. Hatte sie nach neun

Stufen den nächsten Treppenabsatz erreicht, mußte sie eine Verschnaufpause einlegen. Der Aufstieg zur dritten Etage dauerte fast eine Stunde. Stand sie endlich vor ihrer Wohnungstür, sagte sie: »Jetzt bin ick aba k.o.« Wenn wir sie im Treppenhaus trafen, trugen wir die Einkaufstasche oder den Kohleneimer in den dritten Stock. Ihr Dankeschön – ein Bonbon. Unser Angebot, für sie die täglichen Wege zu erledigen, lehnte sie mit den Worten ab: »Ick brauche Bewegung, oda soll ick an Herzvafettung druffjehn?« Kleine Liebesdienste nahm sie gern an, aber sie wollte nicht als hilflos angesehen werden.

Wer viele Jahre in Nr. 60 wohnte, kannte ihre nicht ganz astreine Vergangenheit, die sie jedem offenherzig erzählte.

In jungen Jahren mußte sie den Lebensunterhalt für sich und ihre zwei kleinen Söhne als Wasch- und Reinemachefrau verdienen. Ihr Mann stürzte, hochgradig betrunken, als Dachdecker vom Dach. Nach dem Motto »Bist du Gottes Sohn, so hilf dir selbst und anderen« versuchte sie mit ihrem Schicksal fertig zu werden.

Eines Tages erkrankte in ihrem Bekanntenkreis eine Frau an der Gesichtsrose. Kein Arzt konnte helfen. Frau Beck erinnerte sich ihres verstorbenen Großvaters, der ihr das »Rosebesprechen« beigebracht hatte. Dieses Können mußte von Männern an Frauen und umgekehrt weitergegeben werden. Frau Beck wagte es, der Bekannten die Rose zu besprechen. Sie hatte Erfolg. Der behandelnde Arzt bestätigte es ihr.

Nun hagelte es von allen Seiten Ratschläge. Sie sollte ihre Fähigkeit nutzen, statt als Putzfrau schwere körperliche Arbeit zu verrichten. Sie widersprach: »Ick mit mein schlechtet Deutsch vajraule ja de Leute. Und wie seh ick aus?«

An manchen Tagen gaben sich die Patienten gegenseitig die Türklinke in die Hand. Die Hausbewohner behaupteten: Die Becksche legt nebenbei auch noch Karten.

Hatte mein Vater Nachtdienst, schlief er am Tage ein paar Stunden auf der Chaise in der Küche. Sie stand an der Wand zum Treppenflur. Durch das Knarren der ausgetretenen Stufen im Schlaf gestört, hörte er das Kommen und Gehen der Beckschen Kundschaft und brummte: »Noch sind die Tage der Rosen.«

Bald versuchte sich Frau Beck auch auf anderem Gebiet, half Frauen und Mädchen, deren Liebschaften nicht ohne Folge geblieben waren. Dadurch kam sie mit dem Gesetz in Konflikt und eines Tages hinter schwedische Gardinen.

Als sie ihre Strafe abgesessen hatte, wollte sie sich nicht mehr mit dem verbotenen Handwerk befassen.

Die Jahre vergingen. Den Söhnen paßten die Kinderschuhe nicht mehr. Erwin lernte Feinmechaniker, Herbert wurde Heringsbändiger, wie Verkäufer im Lebensmittelfach scherzhaft genannt wurden. Es schien, als habe Frau Beck mit ihren Söhnen alle Gefahren des Lebens schadlos umsegelt.

Da geschah es, daß sie von Justitia wieder in einen längeren Urlaub hinter vergitterte Fenster geschickt wurde, weil sie nicht nein sagen konnte. Das junge Ding wollte sich das Leben nehmen. Aus Mitleid wagte Frau Beck den Eingriff.

Anfangs kümmerte sich die eine oder andere Nachbarin um die jungen Burschen. Erwin und Herbert besaßen noch nicht die notwendige Reife, sie gerieten in schlechte Gesellschaft.

Rechtzeitig öffnete sich das Tor zur Freiheit. Frau Beck wurde wegen guter Führung begnadigt.

Ihre bisherigen Arbeitgeber hatten wieder eine Putz- und Waschfrau.

Erwin und Herbert legten ihre Gesellenprüfung ab und ... wurden arbeitslos. Da sie bei Muttern wohnten, bekamen sie alle zehn Tage pro Nase nur 4 Reichsmark Arbeitslosenunterstützung. Wir hörten jetzt bei Becks oft Streit. Die Söhne verlangten Geld, die Mutter wußte nicht, wo sie es hernehmen sollte.

Der Teufel muß Frau Beck geritten haben. Ein gefallenes Mädchen bat um Hilfe, wich nicht aus der Wohnung. Die Becksche hatte wieder Mitleid. Ihr Eingriff wurde zum Fehlgriff, der eine sofortige Krankenhauseinweisung erforderlich machte. Die gutgemeinte Tat kam ans Tageslicht und Frau Beck wieder hinter schwedische Gardinen.

Erwin und Herbert mit zusammen 8 Reichsmark für zehn Tage und ohne mütterliche Liebe, das konnte nicht lange gut gehen. Niemand kümmerte sich um sie, die noch einen sauberen Lebenslauf hatten.

Der für unsere Straßenseite zuständige Geldbriefträger wurde eines Tages in Nr. 54 erschlagen aufgefunden. Die Nachricht versetzte die ganze Straße in Aufregung.

Mein Vater meinte, wenn sich hier in der Nähe vom Schlesischen Bahnhof auch viele Gestalten herumtreiben würden, die das Tageslicht scheuten, Mord und Totschlag habe es in der Koppenstraße noch nicht gegeben.

Die Nachbarsleute kamen mit neuesten Nachrichten. Freiwillig hätte der Beamte seine Geldbriefträgertasche nebst Inhalt wohl niemals herausgegeben. Um ihn wehrlos zu machen, hatten ihn die Täter wahrscheinlich durch einen Schlag mit einem lumpenumwickelten Stück Bleirohr betäuben wollen. Sein Kopf vertrug diese lieblose Behandlung nicht, er wurde nicht kurzzeitig außer Gefecht gesetzt, sondern war tot.

Als Familienvater von vier schulpflichtigen Kindern hatte er die Vertrauensstellung des Geldbriefträgers nach langjähriger Dienstzeit erst vor wenigen Monaten erhalten.

Ich traf den Briefträger oft in unserem Treppenhaus. Die Post beförderte nicht nur Briefe und Päckchen, sondern auch Geldsendungen bis an die Wohnungstür des Empfängers.

Um das Vorhaben in allen Einzelheiten gründlich planen zu können, mußten die Täter genaue Beobachtungen angestellt haben, wann und in welchem Haus der Geldbriefträger erschien und wie das Haus und seine Eingänge beschaffen waren.

Durch Hinweise aus der Bevölkerung konnten die Kriminalisten die Tat schnell aufklären. Unfaßbar, die Beckschen Brüder hatten den Überfall ausgeführt.

Frau Beck und die beiden Söhne brauchten sich nun keine Sorgen um das tägliche Brot zu machen, sie wohnten mietefrei, und das bei Vollpension.

Der Mord an dem Geldbriefträger war ein schweres Verbrechen und durch nichts zu entschuldigen. Aber die beiden Jungen hatten ihre Arbeit nicht aus Übermut oder Faulheit hingeschmissen, sie wurden Opfer der Arbeitslosigkeit. Wäre ihre verwerfliche Tat zu verhindern gewesen, wenn sich jemand um die alleinstehenden Brüder gekümmert hätte? Diese Frage stellten sich viele Bewohner.

Erwin bekam als Totschläger 12 Jahre Zuchthaus, sein Bruder Herbert wegen Beihilfe 10 Jahre Zuchthaus.

Als Frau Beck ihre Strafe verbüßt hatte, besprach sie weder die Gesichts- oder Gürtelrose, noch erforschte sie das Glück der Menschen durch

Kartenlegen. Sie tat auch nichts mehr gegen die Folgen der Liebe. Sie blieb bis ins hohe Alter Putz- und Waschfrau.

Durch die langjährig genossene Zuchthauskost erkrankte Erwin schwer. Knochenfraß! Ihm mußte ein Bein amputiert werden. Er wurde, auch wegen guter Führung, vorzeitig entlassen, verstarb aber bald.

Frau Beck bereitete ihrem Sohn ein halbes Staatsbegräbnis. Zuchthäusler wurden sonst an der Kirchhofsmauer begraben. Erwin nicht! Seine Mutter opferte das letzte Geld. Der Pfarrer hielt eine Trauerrede, als werde der gläubigste und sündenreinste Mensch zu Grabe getragen.

Herbert Beck wurde wegen guter Führung ebenfalls vorzeitig begnadigt. Er fand eine Lebensgefährtin. Beide bemühten sich, der Mutter einen sorgenfreien Lebensabend zu bereiten.

An Familie Höfchen, Mieter in der vorderen Wohnung der zweiten Etage, erinnere ich mich besonders gern. Urwüchsige Berliner, die, wie es mir damals schien, immer gute Laune hatten.

Herr Höfchen war von Beruf Kellner. Die Gäste ließen sich bestimmt gern von ihm bedienen.

Frau Höfchen sah zwar plump und schwerfällig aus, konnte aber flink wie ein Wiesel sein. Lief sie durch unsere Küche, klapperte das Geschirr im Schrank, worüber sich meine Schwester und ich amüsierten. Überall, sogar auf dem Klo im Treppenhaus, sang sie ein Liedchen vor sich hin. Wenn sie lachte, mußten alle Menschen um sie herum mitlachen.

Die erwachsene Tochter Grete vereinigte die Eigenschaften der Eltern in einer Person. Hausbewohner meinten, sie sei ein Mannweib und habe deshalb noch keinen Freier gefunden.

Alle drei Höfchens hatten Plattfüße, im Volksmund »Plattbeene« genannt. Durch ihren schweren Gang wurde ihr Treppensteigen für alle Hausbewohner hörbar.

Für meine Schwester Herta und mich waren Frau und Herr Höfchen unsere Leih-Großeltern, die Tochter Grete unsere liebste Tante. Während der langen Krankheit unserer Mutter haben wir von diesen drei Menschen viel Liebe erfahren. Jeden Freitag wurden wir von Tante Grete in der Waschküche des Hauses in einem Holzzuber gebadet. Am Wochenende durften wir bei Höfchens abwechselnd auf der in der Küche stehenden Chaise in den Sonntag hineinschlafen.

Frau Höfchens sprichwörtliche Sparsamkeit wurde als Geiz angesehen. Um für fünf Pfennig billiger einzukaufen, nahm sie weite Wege auf sich. Die Nachbarn nannten sie »Pfennigfuchser«. Sie bewertete weniger die Qualität als den Preis einer Ware. Meine Mutter hatte einen anderen Standpunkt. Mein Vater sagte: »Jeder Kochtopf findet einmal einen passenden Deckel.« Ein wohlhabender Witwer ehelichte Tante Grete, worüber meine Schwester und ich untröstlich waren.

Als wir von Tante Grete in ihre herrschaftlich eingerichtete Wohnung eingeladen wurden, kamen wir aus dem Staunen nicht heraus. Solche wertvollen Möbel, Bilder und gutes Porzellan hatten wir noch nie gesehen.

Tante Grete verwöhnte uns über alle Maßen und brachte uns gute Manieren und Umgangsformen bei.

»Keine Feier ohne Meyer!« Der in Berlin durch viele Filialen vertretene Spirituosen-und-Süßwaren-Betrieb Meyer hatte sich generell auf Verkaufsräume in Kellern spezialisiert. Vorderhäuser erhielten oft durch das Souterrain erst ihre Note. Sie wurden für gewerbliche Zwecke genutzt, dienten aber auch als Wohnraum.

Bis zum heutigen Tag sind mir die Grünkramhändler, Lebensmittelgeschäfte, Eierhandlungen, Pferdeschlächter sowie Glaser, Schuhmacher und Klempner aus unserer Koppenstraße in Erinnerung.

Links neben der Toreinfahrt von Nr. 60 hatte Familie Werner die Kellerräume als Kolonialwaren- und Gemüsegeschäft gemietet. Das Ehepaar nutzte je einen Raum für den Verkauf und als Rollstube, während je ein Raum als Küche und Schlafstube dienten. Nach zwölf Stunden Arbeitszeit gaben sie sich mit diesen Wohnverhältnissen zufrieden.

Unschuldig in Not geratenen Menschen halfen Werners uneigennützig. Unsere Familie konnte diese Hilfsbereitschaft am eigenen Leibe erfahren. Durch Mutters lange Krankheit war unsere Familie bereits aus der Krankenkasse ausgesteuert. Alle Arztbesuche und Medikamente mußten wir selbst bezahlen. Da wurde das Wirtschaftsgeld oftmals knapp. Ohne Familie Werners Hilfe wären wir manchmal hungrig schlafen gegangen. Wenn ich morgens zur Schule ging, präsentierten Werners der Kundschaft bereits ihr ganzes Obst- und Gemüseangebot. Die Ware stand in Horden vor dem Keller an der Hauswand ausgestellt. Die Hausfrauen konnten aus nächster Nähe entsprechend der Jahreszeit Blumenkohl, Mohrrüben, grüne Bohnen, Weiß- und Wirsingkohl, aber auch Äpfel, Birnen, Kirschen, Pflaumen, Weintrauben sowie Spargel und Pfifferlinge taufrisch begutachten und kaufen. Herr Werner mußte sich die Ware selbst vom Großhändler aus der Zentralmarkthalle am Alexanderplatz holen, wozu er sich bereits nachts um drei Uhr mit seinem Handwagen auf die Beine machte.

Als Dreizehnjähriger bin ich in den Ferien manchmal mitgefahren und habe geholfen, den vollbeladenen Wagen zu schieben.

Das frühe Aufstehen und den langen Arbeitstag betrachteten die Geschäftsleute als Selbstverständlichkeit. Ihre Geschäfte waren durchgehend von 7.00 Uhr früh bis abends 19.00 Uhr, auch am Sonnabend, geöffnet. Der Konkurrenzkampf war hart, auf der anderen Straßenseite standen die Obst- und Gemüsehändler mit ihren Wagen. Friseure bedienten ihre Kunden sogar am Sonntag von 7.00 Uhr bis 11.00 Uhr. Alles für »Seine Majestät den Kunden«!

Klempnermeister Ulm hatte im Keller rechts neben der Toreinfahrt einen Verkaufsraum für Badeöfen, Wasch- und Klosettbecken, Wasserhähne, Gaslampen, dazu passende Glühstrümpfe. Im Nebenraum standen Biege- und Schneidewerkzeuge, die zum Herstellen von Dachrinnen und Fallrohren benötigt wurden. Hauptsächlich reinigte die Klempnerei Wasser- und Toilettenabflußrohre, stellte neue Be- und Entwässerungsanlagen her und reparierte durchgebrannte Haushaltstöpfe und -kessel. Solche Haushaltsgeräte wurden erst in die Mülltonne geworfen, wenn zum Löten oder für ein Topfpflaster kein Platz mehr war. Die anfallenden Arbeiten erledigte Meister Ulm mit seinen beiden Söhnen und zwei bis drei Lehrjungen. Der Meister war sehr streng, und manche Backpfeife erinnerte die Lehrjungen daran, daß sie bei der Arbeit aufzupassen hatten.

Die mechanischen Arbeiten interessierten uns Bengels sehr. Wir hockten uns vor die Kellerfenster und beobachteten die Klempner. Auf der Straßenseite konnte uns der Portier nicht verjagen.

Der Meister bildete gern Lehrlinge aus. Sie wurden bei einer vierjährigen Lehrzeit bald die billigsten Arbeitskräfte. Aus unserem Haus ging Herbert Steier, geborener Linkshänder, zum Klempnermeister Ulm in die Lehre. Sah der Meister den Lehrling linkshändig arbeiten, bekam er einen Wutanfall, und schon hatte der Stift eine Backpfeife weg. Herbert verzog keine Miene. Diese Art der Belehrung wiederholte sich während der Lehrzeit unzählige Male. Trotzdem blieb Herbert Linkshänder.

Wenn es die Witterung erlaubte, arbeiteten Gesellen und Lehrlinge bis spät in den Herbst hinein auf dem Hof vor der Werkstatt. Da gab es natürlich viel zu sehen und auch manchmal etwas festzuhalten, was wir uns nicht entgehen ließen. Der Meister verscheuchte uns nicht aus seinem Arbeitsbereich, hoffte er doch, auch aus unseren Reihen später einmal einen Lehrling zu bekommen.

Die wichtigsten Persönlichkeiten für groß und klein blieben natürlich in Nr. 60 als Hauseigentümer die Brüder Günter und Walter Metke.

Günter Metke ähnelte durch sein großkotziges Auftreten einem preußischen Offizier. Er war es, der das Spielverbot für uns Kinder auf dem Grundstück anordnete. Wir konnten diesen Kerl nicht leiden.

Walter Metke wirkte mit seiner schmächtigen Figur und seinem bescheidenen Benehmen wie ein kleiner Beamter. Er zeigte sich uns Kindern gegenüber zugänglich. Hatten wir in der Schule Zeugnisse bekommen, ließ er sie sich zeigen und schenkte uns für gute Zensuren Geld.

Als Autos noch eine große Seltenheit waren, bedienten sich beide Chefs vornehmer Kutschengespanne mit livrierten Kutschern, die ihnen beim

Ein- und Aussteigen mit vom Kopf gezogener Mütze und geneigtem Haupt unterwürfig die Türen der Kutschen öffneten. Ich habe dieses Schauspiel oft von unserem Küchenfenster aus beobachtet.

Die Kutschpferde lagen höher im Kurs als die Kutscher, denn sie standen in gefliesten Pferdeställen. Die Kutscher dagegen hausten in Wohnungen, an deren Wänden das Wasser herablief und der Steinfußboden im Winter zur Eisbahn wurde. Der Vater meines Freundes Horst lebte mit seiner Familie in einer solchen Wohnung. In unserer Gegenwart fluchte er über diese Zustände, konnte aber nichts daran ändern, denn er wollte nicht arbeits- und obdachlos werden.

Bald verdrängte das Auto Kutsche und Pferd. Metkes leisteten sich jeder einen sechssitzigen »Horch«. Wir Jungen hätten uns diese Lack- und Chromwunder gern aus der Nähe angesehen.

Aus livrierten Kutschern wurden livrierte Chauffeure. Die Kutschpferde kamen aufs Altenteil, erhielten ihr Gnadenbrot. Die Fahrer der Benzinkutschen mußten nun neben der Wartung ihrer Limousinen auch noch die Pferde betreuen. Horsts Vater bekam jedoch keinen Pfennig mehr Lohn.

Trotz Spielverbot und der Wut über den verhaßten Portier freute ich mich jedes Jahr im Sommer auf einen bestimmten Tag. Die sonst unnahbar erscheinenden Hausbesitzer veranstalteten an einem Wochenende ein Haus- und Kinderfest. An diesem Tag unterhielt sich der protzige Herr Günter Metke sogar mit dem Mieter Klingbeil. Bei einer Molle und 'nem Korn ließ er sich von ihm über seinen Beruf als Straßenfeger erzählen.

Wir Kinder freuten uns über Papiermützen und Stocklaternen und tanzten, bonbonlutschend, nach den Klängen eines Leierkastens. Auch unsere Eltern konnten bei Kaffee und Kuchen, Freibier und Schnaps für Stunden die täglichen Sorgen vergessen. Mutter und Vater riskierten auf dem holprigen Hof sogar ein Tänzchen.

Bei Sackhüpfen, Topfschlagen, Würstchenschnappen und sonstigen Belustigungen verging die Zeit viel zu schnell. Obwohl mancher schon gehörig mit den Augen klapperte, wollten wir uns nicht von dem mit Girlanden und Lampions geschmückten Festplatz trennen. Wir bettelten die Eltern, noch zu bleiben, damit wir am Fackelzug teilnehmen konnten.

Die wirtschaftliche Lage verschlechterte sich immer mehr. Manches Geschäft, in das ich für Mutter einkaufen ging, blieb geschlossen. Vater sagte: »Volkmann hat auch Pleite gemacht!«

Die Metkes lebten weiter über ihre Verhältnisse. Die Hausbewohner schüttelten darüber den Kopf, meinten, eines Tages gehen die zwei Brüder auch pleite.

Der stolze Günter Metke erlebte es nicht mehr, er starb während einer Operation. Walter Metke wählte den Freitod. Er erhängte sich an der Tür seines leeren Geldschrankes.

Der von groß und klein gehaßte Portier verlor nun seine Portierstelle und zog aus dem Haus. Diesem Grobian weinte niemand eine Träne nach.

Der neue Portier hatte einen sympathischen Namen, er hieß Herr Freundlich. Als erstes entfernte er alle Verbotsschilder. Darüber waren wir glücklich. Die »große Freiheit« hielt in Nr. 60 Einzug.

Nun mußten wir nicht erst bis zum Kirchpark oder zur Weberwiese laufen, um ungehindert spielen zu können. Wir wurden darüber nicht übermütig und ungezogen. Vielleicht konnten wir die Vergangenheit nicht so schnell vergessen.

Hoffest in der Koppenstraße, um 1935

Der neue Portier war ein Pfundskerl. Er hatte selbst drei Kinder, die sich schnell in unseren Kreis einlebten. Bei passender Gelegenheit erklärte er uns, welchen Abschnitten des großen Hofes wir fernbleiben sollten. Seine Hinweise wurden respektiert.

Schritt für Schritt erkundeten wir unsere neue Welt. Wir gingen für die Handwerker Zigaretten, Bier und Schrippen einkaufen und verdienten uns manchen Groschen. Oft beobachteten wir die Männer bei ihrer Arbeit. Was gab es da nicht alles zu sehen!

Wir bewunderten die Kunst der Bildhauer, wie sie mit ihren scharfen Werkzeugen in das harte Holz wunderschöne Rosen, Ornamente und Figuren schnitzten.

Bei den Klavierbauern summte es an allen Ecken wie in einem Bienenhaus.

Dem Tischlermeister durften wir helfen oder für seine Frau schnell mal zum Kaufmann gehen.

Wenn in der Hochsaison flinke Hände zum Flaschenspülen gebraucht wurden, waren wir für die Limonadenfabrik unentbehrliche Hilfsarbeiter. Diese Arbeit begeisterte uns, verdienten wir doch dabei am Nachmittag 20 Pfennig und konnten außerdem bis zum »geht nicht mehr« Brause aller Geschmacksrichtungen trinken. Abends hatten wir Bauchschmerzen. Mein Vater sagte dann zu mir: »Jetzt haste bestimmt Läuse im Bauch, die randalieren.«

Diese schöne Zeit hielt an, bis wir in die Lehre gingen. Herr Freundlich trug seinen Namen zu Recht. Es kam aber auch vor, daß er uns ermahnen mußte, wenn uns das Fell juckte. Wir fügten uns und halfen ihm dafür beim Hoffegen.

Die Schulzeit

Wenn ich mich heute an meinen Schulanfang erinnere, dann sehe ich mich mit einem Ranzen zwischen meinen Eltern gehen. Der Inhalt des Ranzens: eine Schiefertafel im Holzrahmen mit einem kleinen Loch zum Befestigen einer Schnur, an der ein Schwamm baumelte. Außerdem ein Holzkästchen mit mehreren Griffeln.

Von unserer Wohnung bis zur 30. Volksschule für Knaben in der Rüdersdorfer Straße war es ein Katzensprung. In etwa acht Minuten standen wir vor dem Haus, das für die nächsten Jahre meine zweite Heimat sein sollte.

Über einen kleinen Hof erreichten wir das Schulgebäude. Hinter ihm war der richtige Schulhof, auf dem sich etwa 100 Abc-Schützen, meist nur mit den Müttern, versammelt hatten. Trotz der vielen Kinder eine beklemmende Stille. Abseits standen vier Herren: der Schulrektor – Herr Zacharias; Herr Rieger, Herr Mahron und Herr Leeger, die Lehrer der neuen Klassen.

Damals wurden wir in die achte Klasse eingeschult und nach acht Jahren, wenn alle Hürden genommen waren, aus der ersten Klasse entlassen.

Nachdem zwei Klassen aufgeteilt worden waren, gehörte ich zu den übriggebliebenen Kindern, die Herr Rieger als Klassenlehrer übernahm.

Herr Rieger war etwa 40 Jahre alt, von gedrungener Gestalt und hinkte sehr stark. Später merkten wir, daß sein linkes Bein kürzer war. Deshalb trug er einen Schuh mit dicker Sohle. An der rechten Hand fehlten ihm Mittel- und Zeigefinger, und der Daumen hatte keine Kuppe. Alles Folgen schwerer Verwundungen im Kriege 1914/18.

Die ersten Tage waren wir sehr schüchtern, es blieb in der Klasse mäuschenstill. Als wir mit den

Schreibversuchen auf der Schiefertafel begannen, änderte sich das. Der Griffel quietschte. Wir kicherten. Die Scheu fiel.

Herr Rieger verstand es aber, unsere Ausgelassenheit zu zügeln.

Am Ende des ersten Schuljahres galten Eugen B. und Horst H. als versetzungsgefährdet, sie rutschten versuchsweise in die 7a. Auf Herrn Riegers Wunsch übernahm ich über Eugen die Patenschaft, woraus eine dicke Freundschaft wurde. Als ich versprach, die Schularbeiten mit ihm gemeinsam zu machen, leistete er einen Schwur: »Dafor steh ick dia imma bei. Wehe, wenn dia jemand hauen will, der krichtet mit mich zu tun.«

Wir wurden schon in den untersten Klassen hart gefordert. Wenn wir maulten, sagte Herr Rieger jedesmal zu uns: »Jungs, was Hänschen nicht lernt, lernt Hans nimmermehr!«

Wie viele Gedichte mußten wir auswendig lernen! Das Einmaleins sollten wir wie aus der Pistole geschossen beherrschen. Wer da während des Unterrichts unter der Bank Schmöker las oder Löcher in die Luft guckte, hatte kaum Aussichten, das Klassenziel zu erreichen.

Verschiedene Lehrer versuchten, ihren Schülern das Wissen mit dem Rohrstock einzubleuen. Herr Rieger gehörte nicht dazu.

Im vierten Schuljahr begann für uns eine unruhige Zeit. Lehrer Rieger wurde schwerkrank. Wochenlang wurden wir auf andere Klassen verteilt, oder eine Aushilfe löste die andere ab. Die Nachricht vom Tode unseres Herrn Rieger traf die Klasse schwer.

Herr Götze wurde uns als neuer Klassenlehrer zugeteilt. Ein Pfundskerl, der es verstand, alle Schüler für sich zu gewinnen und den Leerlauf der vergangenen Wochen aufzuholen.

Klassenfoto, 1930

An Wandertagen fuhr er mit uns nach Klingenberg in die dem Kraftwerk gegenüberliegende Badeanstalt. In dem vom Werk beheizten Warmwasserbecken brachte er uns, auch bei ungünstiger Witterung, das Schwimmen bei.

Von November 1929 bis Mitte Februar 1930 mußte ich die Schule wegen schwerer Erkrankung versäumen. Herr Götze schickte mir die Hausaufgaben durch Eugen in die Wohnung. Meine Schwester Herta arbeitete nicht nur mit mir den Stoff durch, sondern half auch Eugen bei den Schularbeiten.

Bis zur Versetzung in die vierte Klasse blieben mir nur sechs Wochen. Ich wurde mit dem besten Zeugnis der Klasse versetzt und erhielt eine Freistelle fürs Andreas-Realgymnasium. Trotz guter Mitarbeit im Unterricht blieb ich dort für die meisten Herrn Studienräte und leider auch für viele Klassenkameraden ein unbeschriebenes Blatt. Um mich herum saßen die Söhne von Akademikern, Geschäftsleuten und höheren Beamten, dagegen war ich kleines Würstchen eine Null.

Dieses Nichtbeachtetwerden machte mich krank. Schließlich suchte mein Vater den Rektor meiner alten Volksschule auf und brachte mir die Nachricht, daß meiner Rückkehr in die alte Klasse nichts im Wege stehe.

Ich verabschiedete mich von Studiendirektor Schönebeck, der diesen Entschluß bedauerte, aber Verständnis zeigte.

Vielleicht hatte ich die Flinte zu schnell ins Korn geworfen. Das stellte ich jedoch erst in späteren Jahren fest. Lehrer und Klassenkameraden der 30. Volksschule nahmen mich mit offenen Armen auf. Am meisten freute sich Eugen.

Auf dem Heimweg von der Schule trafen wir meist vor dem Kino ALHAMBRA an der Wasserpumpe Straßenfegerkolonnen, die zum Feierabend ihre Schubkarren, Besen, Schaufeln und die Schaftstiefel säuberten. Wir sahen ihrer Reinigungsarbeit zu. »Wollta ooch mal Kekelfejer werdn?« fragten sie. »Rechnen müßta aba kenn, de Pferdeäppel müssn jezählt werdn.«

Wir lachten. »Nö, stoobt und stinkt zu sehr.«

»Jejen Stoob iss wat zu machen«, antworteten sie und spritzten uns mit Wasser.

In den Hauptstraßen wurden die Bürgersteige und Fahrdämme täglich, in den Nebenstraßen alle zwei Tage gefegt. Für die Straßenfeger begann der Dienst morgens um vier Uhr. Im Laufe des Vormittags mußte ihr Revier prima sauber sein. Sie waren Magistratsangestellte. Wer bei der Stange blieb, brachte es sogar zum Magistratsbeamten. Bei der großen Arbeitslosigkeit leistete jeder gute Arbeit, niemand wollte an die frische Luft gesetzt werden. Kein Wunder, daß Berlin damals von einer internationalen Organisation zur saubersten Stadt der Welt erklärt wurde. Und das, obwohl noch unzählige Pferde ihren Dienst als Zugtiere taten.

Felix' Bruder Eduard war von Beruf Straßenfeger. Er erzählte uns, bei seiner Aufnahmeprüfung habe er einen runden Pferdeapfel mit dem Besen unbeschädigt vom Alexanderplatz zum Bahnhof Frankfurter Allee fegen müssen. Wer es nicht schaffte, wurde nicht genommen. Und wir Dummköpfe glaubten es!

Unser Rektor hatte sich viele Jahre um den Umbau unserer aus dem vorigen Jahrhundert stammenden Schulgebäude bemüht.

1929 war es soweit. Für Lehrer und Schüler begann eine unruhige Zeit. Wir zogen für ein Jahr als Untermieter in die 125. Volksschule für Knaben in die Andreasstraße. Eine Woche hatten deren Schüler Unterricht und wir Wandertage. In der folgenden Woche war es umgekehrt. Bei dem Ausfall so vieler Unterrichtsstunden mußte das Lernziel trotzdem erreicht werden.

Unsere Klasse hatte wieder Pech. Herr Götze wurde an eine andere Schule versetzt.

O weh! Wir bekamen eine Lehrerin, Fräulein Sommer.

Unser Stegreifdichter Rudi M. hatte mit seinem Reim ins Ziel getroffen: »Frühling, Sommer, Herbst und Winter, die Sommern verbleut uns allen den Hintern!«

Bei Fräulein Sommer gab es schon bei der geringsten Kleinigkeit Dresche. Selbst die guten Schüler wurden dadurch so verunsichert, daß auch sie mündliche Aufgaben nur stotternd lösten, wodurch Fräulein Sommer in große Wut geriet. Wir mußten uns vor ihrem Katheder aufstellen, die Hände vorhalten, und sie schlug dann mit dem Rohrstock unbarmherzig zu. Hinterher hatten wir Boxerhände.

Hatten ihre Wutausbrüche den Höhepunkt erreicht, mußten wir uns über die Bank legen. Sie strich jede Falte aus dem Hosenboden, und dann bekam der Rohrstock Arbeit.

Nun zu den oberen Klassen gehörend, hatten wir bei Herrn Breil Chorgesang. Ein strenger, aber prima Lehrer. Dem fiel unser Mißmut auf. Nicht, daß er uns zu Ungezogenheiten ermunterte. Aber aus seinem Verhalten entnahmen wir, als sage er: »Ihr seid doch Jungens, erfindet etwas!«

Wer von den Schülern hatte sich nicht im stillen mit irgendeinem Racheplan beschäftigt?

Kurt E. trat sonst kaum in Erscheinung, er rutschte gerade so von einer Klasse in die andere. Ein Eigenbrötler, der sich so gut wie nie an einer Gemeinschaftsarbeit beteiligte. Nicht einmal beim

Reinigen der Tafel half er.

Alle Schüler staunten, Kurt meldete sich eines Tages freiwillig zum Säubern des Klassen-Aquariums nach Unterrichtsschluß.

Acht Uhr morgens, Schulbeginn. Fräulein Sommer betrat das Klassenzimmer, wir sprangen auf und sagten im Chor: »Guten Morgen, Fräulein Sommer.« Sie nahm ihren Platz am Katheder ein, holte das Klassenbuch aus dem Schubfach und stellte durch Aufruf fest, wer fehlte.

Danach Deutschunterricht. Als Hausaufgabe hatten wir den »Erlkönig« auswendig zu lernen.

Fräulein Sommer rief die schwachen Schüler zuerst auf. Kurt Adam begann: »Wer reitet ..., wer reitet ..., wer reitet so spät«, dann blieb er stekken.

Karl-Heinz Albrecht folgte: »Wer reitet ..., wer reitet ..., wer reitet so spät durch die Nacht in den Wind.« Aus, ihm blieb die Luft weg.

Jetzt kam der Klassen-Clown Heinz Tamkus an die Reihe. Der sagte kein Wort, sondern begann zu heulen. »Ich hab das ganze Gedicht heute früh noch meiner Mutter aufgesagt. Mir ist so schlecht, kann ich zur Toilette gehen?«

Jetzt platzte Fräulein Sommer der Kragen. »Eine ganze Schwadron ist schon geritten, und keiner kommt über die erste Zeile hinaus. Faules Packzeug. Die Klasse bekommt eine Fünf, basta!«

Rudi M. gehörte zu den Vertrauensschülern und zur Leistungsspitze. Er nutzte das oft dazu, um für die Klasse zu kämpfen. »Das wäre aber ungerecht, Fräulein Sommer. Fragen Sie doch erst mal, wer das Gedicht kann. Ich protestiere gegen meine Fünf, Klingberg und Stahl auch!«

Rudi hatte Fräulein Sommer den Wind aus den Segeln genommen. Die nun Aufgerufenen blieben nicht stecken. Trotzdem entsprach das wechselseitige Aufsagen nicht ihren Wünschen. Sie trat von dem Podest herunter ins Klassenzimmer. Dabei blieb ihr Rock an einem Hindernis hängen, löste sich, und sie stand in einer rosa Hemdhose vor der Klasse.

Träumten wir? Sollten wir lachen oder weinen? Uns blieb unverständlich, was da geschehen war.

Der Aufschrei »Hilfe, Hilfe!« und die Flucht der entblößten Lehrerin auf den Korridor holte uns in die Gegenwart zurück. Die Sache wurde noch peinlicher für sie. Durch ihre Hilferufe verließen die Lehrer ihre Klassen und stürmten ebenfalls auf den Korridor. Herr Wiesemann erwies sich als beherzter Retter in der Not. Er zog seinen weißen Kittel eilig aus und legte ihn um Fräulein Sommer.

Der Rektor, Herr Zacharias, erschien und ordnete Lokaltermin an. Fräulein Sommer mußte den Anschlag auf sich schildern. Der Schuldiener untersuchte das Pult. Ergebnis: In den Brettern steckten Nägel, an denen Fräulein Sommer mit ihrem Rock hängengeblieben war.

Wer war der Übeltäter? Die Klasse schwieg. 34 Schüler wußten tatsächlich nichts. Der 35. schwieg hartnäckig.

Herr Zacharias setzte ein Ultimatum. »Wenn sich der Übeltäter nicht bis zur 12-Uhr-Pause meldet, wird die Polizei geholt.«

In der Pause fehlte Kurt E. Stillschweigend war er ins Rektorzimmer gegangen, hatte seine Schandtat gestanden und bekundet, kein Mitschüler habe von seinem Vorhaben etwas gewußt.

Die Klasse rechnete ihm diese Ehrlichkeit hoch an.

Kurt E. wurde in eine andere Schule versetzt, Fräulein Sommer gegen Herrn Krause von einer anderen Schule ausgetauscht.

Wir kamen vom Regen in die Traufe.

Herr Krause erschien uns anfangs bedauernswert. »Der kann schlecht kneisten«, stellte Ernst Dudeck fest.

»Au fein, könn wa uff de hintere Bänke Käsekasten spielen«, meinte Paul Kühnel.

Herr Krause ließ uns von der ersten Stunde an spüren, daß er der Stärkere war. Er zog die Zügel fest an. Es hagelte Tadel, schlechte Vorzensuren in Betragen und Ohrfeigen. Der Rohrstock wurde Hauptakteur.

»Mensch, gegen den Neuen war ja die Sommer ein Waisenkind«, meinte Ernst Dudeck. »Das ist ja ein Dreschkasten. Ich werde ihm eins auswischen, daß ihm die Glotzaugen tränen. Aber ihr sollt auch wissen, wovon.«

Die Klasse hatte Bedenken. Ernst blieb bei seinem Plan. »Ich klebe unter die vier Beine seines Stuhles Knallfrösche oder Radauplätzchen. Die Dinger fangen beim Drauftreten oder Reiben fürchterlich an zu knallen, zersplittern in alle Himmelsrichtungen und erzeugen stinkenden Qualm. Auf jeden Fall wird das Körpergewicht von Herrn Krause das Feuerwerk auslösen. Dufte Sache!«

Am anderen Morgen hatten wir die erste Stunde bei Herrn Breil Turnen.

»Ich bin wegen meinem Bruch vom Turnen befreit, hab die Erlaubnis, in die Klasse zu gehen«, raunte uns Ernst zu.

»Was ist denn heute mit euch los?« fragte Herr Breil, weil wir saumäßig turnten. Alles schwieg.

Als sich Herr Krause zum Unterrichtsbeginn auf seinen Stuhl setzte, ging das Feuerwerk los. Die Funken flogen herum, es knallte, das Klassenzimmer war in ekelhaft stinkenden Qualm gehüllt.

Uns bewegte nur eine Frage: Wie wird das enden?

Die Klasse hatte zuviel am Stecken. Herr Zacharias sagte: »Ihr Brüder habt von diesem Theater gewußt und seid dafür verantwortlich. Warum hat mich der Vertrauensschüler der Klasse nicht rechtzeitig davon unterrichtet oder Herrn Krause gewarnt?«

Wir mußten auf dem Korridor der Größe nach antreten. Der Ausdruck Klassenkeile wurde Wirklichkeit. Herr Zacharias leistete Schwerstarbeit, 35 Schüler verdrosch er mit dem Rohrstock.

Was wurde uns nicht alles nachfolgend angedroht. Es ging bis zur Einweisung in eine Erziehungsanstalt.

»Ja, Ernst, da haste uns ins Fejefeuer jeführt«, meinte Eugen.

Herr Krause lehnte es ab, weiter unser Klassenlehrer zu sein. Herr Breil mußte die Klasse vorübergehend übernehmen. Ohne Dresche und Toben hatte er uns sofort im Griff. Und er war nicht nachtragend.

Der neue planmäßige Klassenlehrer hieß Herr Schramm. Herr Zacharias führte ihn in die Klasse ein, ohne ein Wort über unsere Vergangenheit zu verlieren. Er sagte: »Die Klasse war unter dem verstorbenen Kollegen Rieger eine Musterklasse. Ich wünsche Ihnen und den Schülern, daß sie als solche wieder anerkannt wird.«

Beim Verlassen des Klassenzimmers warf er uns einen vielsagenden Blick zu.

Herr Schramm war klein und pummlig von Gestalt. Er hatte einen viel zu großen Kopf, den er sich glattrasieren ließ. Nur über der Stirn trug er ein bartähnliches Gebilde, das wir »Poposcheitel« nannten. Sein Aussehen hätte uns Anlaß zu ungezogenem Verhalten gegeben. Aber Herr Schramm war »der Lehrer«!

Von der ersten Stunde an setzte er uns Zeichen,

was er von uns verlangte und was er zu geben gewillt war. »Ich halte nichts davon, lange um den heißen Brei herumzureden«, ließ er uns wissen. »Bei mir wird gearbeitet. Schließlich wollt ihr ja und nicht ich etwas lernen. Zieht ihr mit mir am gleichen Strang, wird es nicht euer Schaden sein!«

Die Klasse hatte verstanden und riß sich am Riemen. Herr Schramm hielt Wort. Hatten wir den vorgeschriebenen Lehrstoff erarbeitet, erwirkte er beim Rektor die Erlaubnis für einen zusätzlichen Wandertag oder einen Stadtausflug. Er zeigte und erläuterte uns alle Sehenswürdigkeiten Berlins, wie Schloß, Dom, Staatsoper, Zoo, Sternwarte, Planetarium und vieles andere. Es kam auch vor, daß er mal eine Unterrichtsstunde 15 Minuten früher beendete und uns bis zur Pause aus seinem Leben erzählte. Herr Schramm blieb bis zur Schulentlassung unser Klassenlehrer.

Trotz seiner Strenge wurde unser Rektor, Herr Zacharias, von allen Schülern geliebt. Als 1929 die Arbeitslosigkeit immer mehr um sich griff und viele Kinder im Elternhaus Not und Elend erlebten, versuchte er unermüdlich zu helfen. Er bat bei karitativen Verbänden um Unterstützung für die Schulspeisung. Geschäftsleute besuchte er und sprach sie um Kleidung, Schuhe, Unterwäsche, aber auch Spielzeug an. Was er seinen Schülern zur Weihnachtsfeier auf die Tische legte, Bücher, Tuschkästen, Mundharmonikas und manches andere, war einmalig.

Herr Zacharias bemühte sich auch für uns um eine sinnvolle Freizeitgestaltung. Das Mundharmonika-Orchester »Stern« unter seinem Dirigenten Marquardt übernahm für unsere Schule die Patenschaft und holte sich ihren Nachwuchs aus den Reihen der Schüler. Auch den Schulsportverein

»Lila-Weiß 1912« unterstützte er. Daß sich der Zustrom von Schülern in Grenzen hielt, lag am Vereinsvorsitzenden Herrn Wiesemann. Als Gesangs-, Turn- und Zeichenlehrer zerschlug er im Unterricht manchen Zeigestock, im Zorn sogar manche Geige, auf den Köpfen oder Rücken der Schüler und verlangte dann noch Schadenersatz.

Zu Beginn des braunen Zeitalters 1933 hatten wir noch ein Schuljahr vor uns. Der erste schwere Verlust traf uns, als Herr Zacharias als Nichtarier für die Leitung der Schule als unwürdig angesehen und aus dem Dienst gewiesen wurde.

Gerade die besten und beliebtesten Lehrer wurden »ausgetauscht«. Unseren Groll darüber nahm niemand zur Kenntnis. Im Gegenteil. Die neuen Lehrer wollten gewaltsam aus uns gute Pimpfe und Hitlerjungen machen. Und das im größten Arbeiterbezirk Berlins.

Unsere Bäcker

In unserem Kiez gab es zwischen Paul-Singer-Straße und Große Frankfurter Straße vier Bäckereien.

In Nr. 25 hatte Bäckermeister Libutzki seinen Betrieb, der später vom Meister Maslow übernommen wurde. In Nr. 35 an der Ecke Große Frankfurter Straße wurde durch die Bäckerei Seifert beste Ware angeboten. Zur Bäckerei Woblick in Nr. 58 ging es vier eiserne Stufen hinauf, und in Nr. 70, kurz vor der Paul-Singer-Straße, befand sich die Bäckerei Huhse.

Um seine Kunden bei diesem Überfluß an Bäkkereien nicht zu verlieren, sah sich jeder Meister gezwungen, die Kundschaft stets mit frischem Brot, knusprigen Schrippen und schmackhaften

Kuchensorten bei günstigen Preisen zu bedienen. Kein Meister wagte es, klitschiges Brot oder pappige Schrippen anzubieten.

Selbst wenn ich erst kurz vor Ladenschluß einkaufen ging, weil Mutters Wirtschaftsgeld alle war und wir auf Vaters Rückkehr von der Arbeit warteten, konnte ich zwischen Hefebrot, Landbrot, Korbbrot, Kümmelbrot, Mischbrot, Weißbrot, Kommißbrot, Vollkornbrot wählen. Selbstverständlich bekam ich auf Wunsch auch abgelagertes Brot vom Vortage.

Die Körbe mit Schrippen, Knüppel, Kümmelbrötchen, Milchbrötchen wurden ebenfalls niemals leer.

Alle Brotsorten und Brötchen waren so schmackhaft, daß es einem oft schwerfiel, sich für eine Qualität zu entscheiden.

Mir schmeckte Korbbrot am besten. Frischgebakken duftete es köstlich, und ich mußte mich beherrschen, nicht schon auf dem Heimweg in den Brotlaib hineinzubeißen. Kam daheim frisches Brot auf den Tisch, wurden von uns doppelt so viele Stullen gegessen. Mutter ließ mich deshalb meist abgelagertes Brot kaufen.

Wenn ich daran denke, wie appetitanregend die Schaufenster jeder Bäckerei dekoriert waren, läuft mir heute noch das Wasser im Munde zusammen.

Ich ging gern einkaufen. Meine Mutter sagte: »Der Bengel kauft besser ein als manche Hausfrau.« Mich kannten alle Geschäftsleute der Umgebung, was sehr von Vorteil war. Ich erhielt fast bei jedem Einkauf eine Scheibe Wurst oder ein Stückchen Käse, einige Sahnebonbons oder ein Stückchen Blockschokolade als Präsent.

Beim Bäcker bekam ich ein Stückchen Kuchen vom Vortage, meist schon etwas hart, aber das min-

Fleischerei Friedrich Hesse, Koppenstraße 28, 1929

derte meinen unmäßigen Appetit keineswegs.

Da sich die Preise immer wieder kurzfristig änderten, lief ich erst alle vier Bäckereien zum Preisvergleich ab. Kostete das Brot beim Meister M. beispielsweise 35 Pfennig, war es nicht ausgeschlossen, daß Meister H. auf der anderen Straßenseite nur 33 Pfennig verlangte. Den Verdienstausfall von zwei Pfennigen glich der Bäcker durch den erhöhten Umsatz aus.

Vier Schrippen kosteten generell 10 Pfennig, wobei jede Schrippe 50 Gramm wog. Meister M. ging auf Bauernfang, er verkaufte fünf Schrippen für 10 Pfennig. Jede Schrippe wog aber nur 40 Gramm. Kein Kunde kam auf den Gedanken, das Gewicht einer Schrippe zu kontrollieren. Es wurde dabei aber auch niemand betrogen, denn der Käufer erhielt in jedem Fall für 10 Pfennig 200 Gramm Schrippen. Meister M. hatte »nur« geblufft, denn wer nahm nicht lieber eine Schrippe mehr!

Bei der großen Geldknappheit der Bewohner der Koppenstraße blieb es nicht aus, daß selbst der kleinste Laden seinen Stammkunden Ware »auf Pump« verkaufen mußte, bis der nächste Stempel- oder Zahltag für die Stütze heran war. Frau Libutzki zum Beispiel konnte es mir von den Augen ablesen, wenn ich bei ihr »pumpen« wollte. Hatte sie mir die Ware auf den Tisch gelegt, sah sie mich tiefgründig an, sagte sogar noch »Danke schön« und notierte den Fall im Pumpbuch. Mir fiel danach ein Stein vom Herzen, denn das Anschreibenlassen war mir sehr peinlich. Frau L. wußte aber auch, am nächsten Geldtag wurden die Schulden beglichen.

Wenn wir Bengels uns ein paar Pfennige verdient hatten, leisteten wir uns manchmal eine Tüte Kuchenabfall. Für einen Sechser bekamen wir so viel alten Kuchen, daß wir den Inhalt kaum allein schafften und ihn mit einem Freund teilten. Im Sommer setzten wir uns vor dem Bäckerladen oft auf die Bordkante vom Bürgersteig, ergötzten uns an dem trockenen Kuchen und kühlten uns dabei die nackten Füße im zum nächsten Gully fließenden Regenwasser.

Der Hof der Bäckerei Maslow war uns ein idealer Spielplatz, nicht nur wegen der herrlichen Backstubendüfte. Meister M. trank gern eine kühle Blonde, um seine ausgedörrte Kehle anzufeuchten. Die Meisterin mochte das nicht leiden. Stand der Meister an der Backstubentür und schwenkte seinen leeren Einkaufsbeutel, wußten wir, die Luft ist rein, und schon verschwanden wir, um Bier zu holen. Der Meister ließ es sich schmecken. Fürstlicher Lohn für uns: Ein großes Stück Kuchen, oft noch warm, wanderte in unseren immer hungrigen Magen und galt als Schweigegeld.

Horst, des Meisters Sohn, sonderte sich meist von uns ab. Für mich war er ein Spinner, denn er schwindelte uns die Hucke voll.

Horst verstand es auch, die Meinungsverschiedenheiten seiner Eltern für sich auszunutzen. Mit seinem Vater hatte er scheinbar nicht viel im Sinn. Er hielt mehr zur Mutter, trug ihr manches zu und verschaffte sich dadurch Vorteile. Deswegen ließ uns der Meister kein Bier holen, wenn der Sohn anwesend war. Die Meisterin hätte es sehr schnell erfahren.

Als mir Horst einmal erzählte, die Gesellen und Lehrlinge würden den Brotteig mit nackten Füßen kneten, ohne sich vorher die Füße zu waschen, erklärte ich ihn für verrückt. Allein bei dem Gedanken daran wollte mir kein Brot mehr schmecken. Ich sagte ihm: »Mensch, Horst, schäme dich, daß du so etwas über euern Laden erzählst.« Er ließ mich stehen und ging stolz vom Hof.

Leider konnte ich seine Behauptung nicht überprüfen, in die Backstube durften wir nicht hinein.

Einmal erlebte ich unseren Bäckermeister in größter Aufregung. Einen Strauchbesen durch die Luft schwingend, verjagte er eine Katze aus der Backstube. Das sonst fleißig Ratten und Mäuse fangende Tier hatte sein Häufchen in den Sauerteig gemacht und war dabei vom Meister erwischt worden. Er wollte gerade den Teig nebst Katzengold in die Mülltonne werfen, als seine Frau kam. Ich versteckte mich vorsichtshalber hinter der Mülltonne, denn Frau Meisterin konnte sehr wütend werden. Tobend erklärte sie den Meister für verrückt. Schließlich schritt sie mit dem Corpus delicti auf einer großen Holzkelle aus der Backstube, riß den Müllkasten auf und warf das Katzengold hinein.

Und der Meister hatte doch nur die Hygienebestimmungen einhalten wollen.

Hansdampf in allen Gassen

Bruno und Willi lungerten mit mir von einer Straßenseite zur anderen. Dieser Mittwoch war ein »Saurergurkentag«. Es gab nirgends etwas zu verdienen.

Und gerade heute hatten wir keine Schularbeiten auf, und mein Vater gab mir den ganzen Nachmittag frei.

Ein schriller Pfiff. »Feuerwanze ist im Anmarsch«, sagte Bruno. Den Spitznamen »Feuerwanze« hatte er seiner feuerroten Haare wegen bekommen. Sein richtiger Name war Hans. Ein Windhund, uns an Kräften überlegen. Seinen Namen konnte er nicht schreiben. Der Lehrer sah ihn kaum in der Schule. Seine Mutter und mehrere Geschwister kannten wir. Als ich ihn einmal fragte, ob er einen Vater habe, sagte er: »Eenen? Ville! Jeden Tach 'nen andern.«

»Wat wirda heut' wieda uff Laga habn?« fragte Willi. »Hat Feuerwanze überhaupt schon mal 'nen guten Einfall gehabt? Der klaut wie 'n Rabe. Mein Vater sieht es nicht gern, wenn er bei uns ist.«

Feuerwanze hatte uns erreicht. »Na, ia müdn Flaschn! Soll ick euch uffmuntan? Wenna nischt anzufangn wißt, ich hab 'ne saftje Bulette inne Pfanne. Machta mit?«

Wir sahen uns ratlos an. Oft zwang Feuerwanze andere durch Dresche zum Mitmachen. An seinen »heißen Eisen« konnte man sich leicht die Finger verbrennen.

»Also, Leute, ia braucht weita nischt zu machen, als so zu tun, als wollta Bleisoldaten koofen. Det müßta 'n bisken laut tun, damit de Lackaffen von Vakäufa abgelenkt werdn. Allet andre mach icke. Habta vastandn? Hia habta jeda 'n Jroschen, nu jets ab zut Koofhaus Union. Falls wa uns valiern, vierta Stock, Spielwarn.«

Vielleicht hätten wir abhauen können. Vielleicht hätte Feuerwanze auch einen von uns festgehalten. Wenn er zuschlug, gab es blaue Augen. Als habe uns Feuerwanze hypnotisiert, folgten wir ihm.

An den Haupteingängen des Kaufhauses Union in der Großen Frankfurter und in der Andreasstraße stand je ein livrierter Portier. Sie beobachteten besonders streunende Kinder beim Betreten und Verlassen des Kaufhauses. Feuerwanze benutzte mit uns den kleinen Nebeneingang in der Blumenstraße, der nicht bewacht wurde. Obwohl wir die vierte Etage noch nicht erreicht hatten, puckerte mein Herz bis in die Ohrläppchen. Bruno

Kaufhaus Union in der Andreasstraße

und Willi sahen auch nicht wie Helden aus. Feuerwanze schritt voran.

Wie befohlen, strebten wir dem Tisch zu, an dem Bleisoldaten in großer Auswahl angeboten wurden. Da gab es Soldaten aller Waffengattungen aus dem Dreißigjährigen Krieg, von Friedrich dem Großen, Napoleon, den Befreiungskriegen bis hin zum ersten Weltkrieg und der Reichswehr. Um unseren Einkauf möglichst auszudehnen, stritten wir uns, wer welche Soldaten kauft. Es dauerte auch nicht lange, da stand eine Verkäuferin an unserem Tisch. Wegen ihrer dicken Brille hatten wir den Eindruck, daß sie uns mehr hörte als sah. Die ältere Dame schien weder uns noch Feuerwanze gefährlich zu werden. Er strolchte um einen Stand herum, auf dem Roller, Fahrräder und Dreiräder für Kinder, Selbstfahrer und Puppenwagen ausgestellt waren. Wollte er etwa ...? Er hatte uns nichts verraten. Mir wurde heiß. Den beiden Kumpels ging es bestimmt nicht anders. Würde sich Feuerwanze tatsächlich an so auffallenden Dingen vergreifen? Bleisoldaten zu klauen wäre kein Kunststück, die verschwinden schnell in der Hosentasche oder unterm Hemd. Wir standen noch immer am Tisch mit den Bleisoldaten. Feuerwanze war plötzlich verschwunden. Wir sahen uns suchend um.

Da, am Fahrstuhl stand er und schob gerade etwas für uns nicht mehr Erkennbares hinein. Dem Fahrstuhl näherte sich eine aufgeregte Verkäuferin, als er sich gerade schloß und abwärts fuhr. Fast wäre sie gegen die Fahrstuhltür geprallt. Nun stand sie hilflos davor. Wir fragten uns: Was hat Feuerwanze da geklaut? Inzwischen war die Verkäuferin zur Treppe gerannt. Bevor sie Alarm schlagen konnte, würde Feuerwanze auf und davon sein.

Was hatten wir verkehrt gemacht? Schon kamen drei Männer auf uns zu, die uns am Schlafittchen ergriffen und in einen Büroraum brachten. Nun saßen wir in der Tinte. Die Männer nahmen uns ins Kreuzverhör. Wir waren vor Angst und Aufregung unfähig, auf die vielen Fragen zu antworten. Nach einer Leibesvisitation wurden wir einzeln verhört. Dann fragten sie nach Namen und Adressen. Sie schimpften: »Nun seid ihr auch noch Memmen und heult wie die Mädchen. Schämt euch, ins Warenhaus klauen zu gehen.«

Willi fand als erster seine Sprache wieder: »Wir habn nich jeklaut, wir wollten Bleisoldaten kaufen.« Dabei zeigten wir wie auf Kommando unsere Groschen vor.

»Na, damit wollt ihr doch bloß euer Schmierestehen verdecken«, sagte einer der Männer. »Euch Brüder kennen wir, ihr macht uns nichts vor.«

Keiner von uns wußte, wie es weitergehen sollte. Da lenkte einer der Männer ein. »Wenn ihr uns den Namen eures Klaubruders sagt, lassen wir euch laufen. Natürlich werden eure Eltern von dem Vorfall unterrichtet. Aber nun raus mit der Sprache, wie heißt der Bengel?« Wir zuckten mit den Schultern und sagten kein Wort. Mochten sie unser Schweigen ruhig als eine Verschwörung ansehen. Wir kannten weder Feuerwanzes richtigen Namen, noch wußten wir, wo er wohnte. Hatte er überhaupt ein Zuhause, wo er sich doch bis in die halbe Nacht herumtrieb?

Wäre Feuerwanze im Kaufhaus aufgegriffen worden, dann hätten wir bestimmt etwas davon erfahren. Es mußte ihm geglückt sein, ins Freie zu entkommen. Aber was hatte er geklaut? Wir wurden von den Männern durchs ganze Kaufhaus geführt und dabei von den Kunden angestarrt, als wären wir die größten Verbrecher. Die haben lange Finger gemacht und sind dabei erwischt worden, dachten alle. Ich wäre am liebsten im Erdboden versunken, so schämte ich mich. Und was würden die Eltern sagen? Als wir am Haupteingang standen, forderten die Männer den Portier auf: »Hier, sehen Sie sich die drei Burschen an, die haben Hausverbot. Merken Sie sich die Gesichter.« Dann bekamen wir einen Schubs und standen in der Andreasstraße.

Ich traute mich nicht nach Hause. Das verheulte Gesicht und mein verstörtes Benehmen mußten den Eltern auffallen, und sie würden mich ausfragen. Auf Umwegen strolchten wir zur Koppenstraße. Und wen trafen wir an der Rüdersdorfer Ecke? Feuerwanze! Er trat aus einem dunklen Hausflur. »Mensch, wo habta so lange jesteckt? Ick steh mia de Beene in Bauch, und ia schleicht durch de Jejend. Da iss mein Meestastück. Kiekt ma um de Ecke inn Hausflua. Een dufta Puppnwajn voa meine Schwestan. Habn sich schon imma jewünscht. Ick war schnella und, allene im Fahrstuhl, rinn inn Kella. Ick kenn mia da aus. Und nu de Bleisoldaten oda det Jeld.«

Ich war auf Feuerwanze wütend. »Bist gemein, uns setzt du in die Brennessel und haust dann ab. Warum gehst du nicht wie wir arbeiten, wenn du Geld brauchst? Was sagt deine Mutter, wenn du mit geklauten Sachen ankommst?«

Ich glaube, Feuerwanze hätte mich am liebsten verdroschen. »Jeht dia 'n Scheißdreck an, vastehste! Haut ab, ia Pfeifen. Schiß habta. Richtje Muttasöhnchen seita.« Damit ließ er uns stehen.

Einige Tage später erhielten meine Eltern einen Brief vom Kaufhaus Union. »Ihr Sohn hat gegen die Hausordnung verstoßen und erhält deswegen Hausverbot. Zuwiderhandlungen werden strafrechtlich verfolgt.« Nun mußte ich auspacken.

»Heule nicht«, brüllte mich Vater an. »Ich kann reden, so viel ich will, mein Herr Sohn kümmert sich nicht darum, steht für diesen Klaubruder Schmiere. Ne Tracht Prügel hättest du verdient.« Vater ließ mich tagelang links liegen.

Gepäckträger

Berlin war auch schon in den zwanziger Jahren eine Reise wert. Besonders am Wochenende kamen viele Besucher über die sieben großen Fernbahnhöfe angereist.

Für uns Kinder der Koppenstraße war der Schlesische Bahnhof von besonderem Interesse. Freitags konnten wir da ein paar Groschen verdienen. Als Zehnjährige wurden wir von den größeren Bengels nur geduldet und durften uns nicht zu sehr in den Vordergrund schieben. Bei schlechtem Geschäft prügelten sie uns aus ihrem Revier.

Am Pferdedroschken-und-Taxi-Halteplatz sowie in den Verbindungstunneln zu den Bahnsteigen A bis E versuchten wir, uns den Reisenden als Gepäckträger anzubieten.

Eugen und ich arbeiteten oft zusammen. Er war kräftiger als ich. Das half mir auch bei Streitereien mit den größeren Jungen. Beim Transport schwerer Gepäckstücke dachte ich oft: Mensch, Eugen, merkste nicht, daß du mich auch noch mitschleppen mußt?

Manche Reisenden meinten, wir sollten lieber erst noch ein paar Wurststullen essen. Eugen murmelte dann vor sich hin: »Erst haben und 'n Ende mit weg sein.«

Durften wir endlich ein paar Stücke befördern, dann wurden wir am Ziel manchmal gewaltig enttäuscht. »Das habt ihr gut gemacht«, hieß es, und unsere offene Hand übersahen die Reisenden. Leider konnten wir es ihnen nicht von der Nase ablesen, ob sie spendabel sein würden. Ältere und einfache Leute waren meist gebefreudiger als die Leute im Gehpelz oder die feinen Damen mit drei Hutschachteln.

An manchem Tag hatten Eugen und ich jeder nur drei Groschen verdient. Es gab aber auch Glückstage, an denen jeder zu Hause eine Reichsmark abgeben konnte.

Eines Tages trafen wir im Verbindungstunnel zu den Bahnsteigen einen Reisenden, der nur ein Bauer sein konnte. Er stand verdrossen da, neben sich einen prallgefüllten gewöhnlichen Kartoffelsack, den er durch Stricke in einen Rucksack verwandelt hatte. Außerdem stand da noch ein Holzkasten, dessen Inhalt wir nicht ausmachen konnten. Sollten wir dem Mann unseren Dienst anbieten? Wir gingen langsam auf ihn zu, und ich sprach ihn an: »Na Chef, zu welchem Bahnsteig dürfen wir Ihr Gepäck tragen?«

Er antwortete im schlesischen Dialekt: »Zu keinem. Ich schleppe doch den Krempel nicht zurück ins Dorf. Mein Muttl denkt, ich spinne. Erst kommen von der vornehmen Verwandtschaft Klagebriefe, so daß man denkt, sie sind kurz vor dem Verhungern, und dann sind die Herrschaften ins Bad gereist. Nun stehe ich vor verschlossenen Türen. Und was mach ich nun?«

Wir sahen uns fragend an. Ihm kam eine Idee: »Mensch, Jungens, ich hab die Nase voll. Ich schenke euch Sack und Kiste nebst Inhalt und fahre ohne Ballast heim zu meinem Muttl.«

Erst jetzt entdeckten wir, daß in der Kiste zwei junge quicklebendige Kaninchen saßen. Wir sahen uns vorsichtig um. Hoffentlich hatten die anderen Jungen das Angebot des Bauern nicht gehört. Der

Bauer ahnte unsere Befürchtung: »Ne, braucht keine Sorgen zu haben, was hier steht, ist euer. Seht zu, daß ihr damit heil nach Hause kommt.« Er schien nun erleichtert und schritt eilig davon. Wir konnten uns nicht einmal bedanken. Jetzt hätten wir Gepäckträger gebraucht.

Was mochte alles in dem Sack sein? Im Tunnel durften wir nicht mit dem Auspacken beginnen. Wir versuchten, den Sack von der Stelle zu bewegen. Ich schwitzte bereits vom Transport der Kiste. Gebückt rückwärts gehend, zog ich sie durch den Tunnel, bis ich die Treppe zur Madaistraße erreichte. Eugen versuchte den Sack auf den Rücken zu bekommen, was ihm aber nicht glückte. Dann zog auch er das Ungetüm an den Stricken hinter sich her. Männer halfen uns die Treppen hinunter. An der Müncheberger Ecke sahen wir, daß der Sack durchgescheuert war. So ging es also nicht weiter. Ich rannte nach Hause, um unseren kleinen Leiterwagen zu holen. Welch ein Glück, Vater war da. »Ihr habt doch nicht etwa gestohlen?« fragte er, aber ich beruhigte ihn schnell. Vater holte den Wagen aus dem Keller und kam sogar mit. Als er den lädierten Sack verfrachtet hatte, fragte er: »Wo hattet ihr nur die Kräfte her, das schwere Zeug zu schleppen?« Wir staunten über uns selbst.

Beim Auspacken gingen uns die Augen über. Nicht nur Weiß- und Rotkohl, Kohlrabi, Gurken und Kartoffeln, auch rundes Bauernbrot, in Kohlblätter eingeschlagene Butterstücke, Schmalz, Räucherspeck, Blut- und Leberwurst, Sülze und, in einem Schuhkarton in Sägemehl vergraben, richtige Eier konnten wir auspacken. Wir kamen uns vor wie im Schlaraffenland. Alles wurde redlich geteilt.

Nach getaner Arbeit ließen wir es uns gut schmecken. Ein solch reichhaltiges Abendbrot hatte es bei uns zu Hause noch nie gegeben.

Meinem Vater fiel auch ein, wo wir die zwei Karnickel unterbringen konnten. »Du verstehst dich doch mit Hans Gabriel vom Kuhstall so gut. Vielleicht kann er sie in seinem großen Karnickelstall unterbringen und pflegen, bis sie fett für die Pfanne sind.«

Hans half uns und fütterte die Untermieter, die Weihnachten in die Pfanne kamen.

Kartoffelschalen

Herberts Vater hatte sich ein Pferd zugelegt. Der Gaul machte einen klapprigen Eindruck, besaß aber noch die Kraft, einen ebenso klapprigen Wagen zu ziehen. Vater Rogasch wollte ja keine Schwertransporte ausführen. Er hatte sich auf das Sammeln von Kartoffelschalen spezialisiert. Hierzu fuhr er turnusmäßig Straße für Straße ab und eilte von Hof zu Hof, um seine Sammeltätigkeit kundzutun. Mittels schrill klingender Glocke bimmelte er die Bewohner ans Fenster und verkündete: »Brennholz, Brennholz, Brennholz für Kartoffelschalen!«

Bei aller Tüchtigkeit konnte es Vater Rogasch allein kaum schaffen, die Leute herbeizubimmeln und gleichzeitig den Tausch eines Eimers Schalen gegen einen Eimer Brennholz vorzunehmen. Letzterer sah nur voll aus; er hatte mehr Hohlräume als Holz. Der fleißige Mann brauchte Hilfskräfte. Bei seinem geringen Verdienst, für eine große Kiepe Schalen bekam er vom Kuhstall je nach Jahreszeit 80 Pfennig bis 1,20 Reichsmark, konnte er nur Schulkinder als Ausschreier werben.

Herbert versuchte immer wieder, Eugen und mich für die Tour zu gewinnen, weil wir gut schreien und schnell von Hof zu Hof laufen konnten. Entsprechend groß war dann auch der Anfall an Schalen. Reichtümer konnten wir dabei nicht verdienen. Am Nachmittag 30 Pfennig pro Nase mußten als Höchstbetrag angesehen werden. Fanden wir keine andere Arbeit, meinte Eugen: »Komm, Kleinvieh macht ooch Mist!«

Wir hatten an dem Von-Hof-zu-Hof-Rennen und der Bimmelei Spaß und lernten dabei alle Straßen in unserem Kiez und die vielen Hinterhöfe kennen. Mancher Ortsfremde staunte, wenn wir ihm genau den Weg zu seinem erfragten Ziel beschrieben.

Bei dieser Arbeit fanden wir noch die Möglichkeit für Nebeneinnahmen. Auf den Höfen lagen oft Fahrradrahmen, eiserne Bettstellen und andere Metallteile herum, die wir mit Vater Rogaschs Einverständnis sammelten und als Schrott verkauften.

Wenn wir am Nachmittag 15 bis 20 Kiepen zusammengebimmelt hatten, wurden wir gelobt. Der klapprige Gaul war allerdings nicht zu beneiden, er wurde nur mit Kartoffelschalen gefüttert.

Nach dem Verkauf der Schalen an den Kuhstall ging die Fahrt zur Tischlerei, aus der sich Vater Rogasch für den nächsten Tag die Saumholzabschnitte zum Tausch »Schalen gegen Brennholz« holte. Die Tischlerei verkaufte die Abschnitte spottbillig »für 'nen Sechser und 'n Ei«, wie Vater Rogasch uns im Vertrauen erzählte.

Das Rose-Theater

Als sich zwischen Eugen und mir eine Freundschaft anbahnte, hatten wir gerade das erste Schuljahr beendet.

Eugen war ein schwacher Schüler. Unser Klassenlehrer fragte mich: »Willst du ihm nicht bei den Schularbeiten helfen?«

Meine Eltern erlaubten es.

Zu Eugens Entschuldigung muß ich sagen, daß sich niemand in der Familie um seine Schularbeiten kümmerte. Sein Vater, von Beruf Tischler, arbeitete im Rose-Theater als Kulissenbauer. Die Mutter nähte Theaterkostüme, ebenfalls im Rose-Theater. Eugens Oma schließlich war dort Garderobenfrau.

Die drei Erwachsenen hatten eine unregelmäßige Arbeitszeit, die sich, den Erfordernissen entsprechend, auf den ganzen Tag und die Abendstunden sowie Sonn- und Feiertage verteilte. Eugen konnte also machen, was er wollte.

Sollten wir Schularbeiten erledigen, dann holte er sich die Wohnungsschlüssel aus dem Theater. Ich durfte ihn begleiten. Das wurden meine ersten Kontakte zum Theater.

Neugierig schauten wir den Kulissenbauern bei der Arbeit zu. Was die aus Holz, Pappe, Papier, Leim und Farbe zauberten! Die Handwerker merkten unser Interesse und sagten: »Na, da staunt ihr, was? Wenn ihr im Märchen vom tapferen Schneiderlein ein Wildschwein auf der Bühne seht, denkt ihr bestimmt, es wäre echt. Dabei ist alles nur Pappe und Farbe.«

Weil wir uns stets ordentlich verhielten, hatte vom Theaterpersonal kaum jemand etwas dagegen, wenn wir unsere Nase überall hineinsteckten. Nur auf die Bühne, in die Garderoben und in den Orchesterraum durften wir nicht.

Wir schnüffelten wieder einmal im Theatergelände herum. Dabei begegnete uns ein gleichaltriger Junge. Ich fragte Eugen: »Kennst du den? Der sieht aber schnieke aus.«

Eugen kam sich jetzt wichtig vor. »Dis iss Bernd. Der gehört ins Rose-Theater. Seine Mutter und sein Vater spielen auf der Bühne. Seine beiden Onkels und Tanten auch. Komm, wir gehen mal zu ihm.«

Mir war bei Eugens Absicht nicht ganz wohl, denn wir sahen in unserer Alltagskleidung recht schäbig aus. Bernd hatte einen piekfeinen Matrosenanzug an.

»Tag, Bernd«, begrüßte Eugen ihn. »Dis iss mein Schulfreund Oskar. Er hilft mich bei den Schularbeiten.« Ich merkte, wie Bernd zusammenzuckte.

Bernd reichte mir die Hand. Mir schien, als habe er sich sogar leicht verbeugt.

Sein Verhalten lockerte sich, als Eugen ihn fragte: »Zeigst du uns mal alles vons Theater? Allein traue ich mir nicht überall hin.« Bernd zuckte wieder zusammen. Er sprach ein einwandfreies Deutsch. Es hörte sich richtig vornehm an. Kein Wunder!

Ich staunte über Bernd. Was der alles wußte! Für uns waren es böhmische Dörfer.

Beim Abschied sagte er zu mir: »Du gefällst mir. Kannst mit Eugen, aber auch allein wiederkommen. Ich wohne über dem Haupteingang des Theaters in der Großen Frankfurter Straße 132, erste Etage. Unserer Hausdame sage ich eure Namen.«

Ich war baff! Das hatte ich mir nicht träumen lassen.

Daß uns Bernd als seine Freunde betrachtete, konnten wir bald erfahren. »Am Freitag habe ich Geburtstag. Ich lade euch herzlich ein. Kommt bitte um 15.00 Uhr zu uns in die Wohnung. Es gibt schöne Dinge«, sagte Bernd.

Meine Eltern dachten, ich spinne, als ich ihnen

das erzählte. Meine Mutter meinte: »Dieser Bernd lädt doch nicht solche Jungens ein. Der hat genug seinesgleichen.«

Mir kam das Heulen an, weil Mutter mir nicht glauben wollte. Dann sprach Vater ein Machtwort: »Der Junge hat keinen Grund, uns zu beschwindeln. Warum sollen Roses ihrem Bernd nicht erlauben, die Kinder einzuladen, die ihm gefallen. Also Mutter, zieh den Jungen nett an, und du, Oskar, benimm dich, damit wir nicht beredet werden.«

In seinem Sonntagsanzug und dem geradegezogenen Scheitel stand ein ganz anderer Eugen vor mir. »Mensch, Oskar, wir sehn ja dufte aus«, bestätigte er. Beim Klingeln hatten wir Herzklopfen. Eugen sah mich an und fragte: »Du auch?« Ich verstand und nickte.

Die Tür wurde von einer älteren, vornehmen Dame geöffnet. Sie ähnelte der Königinmutter aus dem Aschenbrödel-Märchen. »Bernd, komm und empfang deine beiden Freunde Eugen und Oskar«, rief sie in die Wohnung hinein.

Ich traute meinen Ohren nicht. »Ich gratuliere dir zum Geburtstag«, sagte Eugen zu Bernd. Später erzählte mir Eugen, er habe den Satz abends im Bett dauernd vor sich hergesagt.

Uns gingen die Augen über, als wir am mit Blumen geschmückten Geburtstagstisch saßen. So sah es bei uns nicht einmal zu Weihnachten aus. Und zu essen gab es! Mir haben die Tasse Schokolade und der Windbeutel mit Schlagsahne am besten geschmeckt.

Die Hausdame forderte uns immer wieder auf: »Na, Kinder, nun greift tüchtig zu«, aber kein Kind wurde ein Vielfraß.

Nachdem das gute Geschirr abgeräumt war, erhielt jeder eine riesige Portion Eis mit Sahne. Das sollte alles noch in unseren Magen hinein, der ja schon voll war! Am Ende standen nur noch leere Eisbecher auf dem Tisch.

Wie armselig verlief mein Geburtstag dagegen!

Trotz unterhaltsamer Spiele bewunderte ich die vornehme Wohnungseinrichtung und verglich sie mit meinem Zuhause. Die Schränke hatten Löwenklauen als Füße und an den Türen viele Schnitzereien. An den Wänden hingen große Bilder mit breiten Goldrahmen. Der Kronleuchter war mit Kristall behangen. Es sah aus, als glitzerten unzählige Eiszapfen zu uns herab. Auf dem Fußboden lagen dicke Teppiche, wodurch die eigenen Schritte nicht zu hören waren. Befand ich mich hier in einem Traumschloß?

Jede Geburtstagsfeier hat ein Ende. Uns war die Zeit wie im Fluge vergangen. Fröhlich und zufrieden verabschiedeten wir uns von Bernd und seinen Eltern, die kurz hineingeschaut hatten. Zum Abschied bekam jedes Kind eine Freikarte für die nächste »Frau Holle«-Märchenvorstellung. Nun glaubten wir, selbst ein Geburtstagskind zu sein.

Auf der Straße hatte ich wieder meinen alten Eugen vor mir. »Weeste noch, wie ick bei mein letzten Geburtstag gleich nach dem Kaffee von meine Mutter den Arsch verdroschen bekam und alle Kinder nach Hause gehen mußten? Dis hab ick hier vamißt. Bei mein nächsten gibt es sowas auch nicht mehr!«

Ich dachte: Dann dürftest du nicht Eugen heißen!

Das Rose-Theater hatte Bernds Großvater, Bernhard Rose, 1906 übernommen. Es lag in der Großen Frankfurter Straße und hieß damals noch Carl-Weiß-Theater.

Bisher war dieses Vorstadt-Theater unter dem Spitznamen »Erbbegräbnis« bekannt, weil es seit

1877, dem Jahr seiner Gründung, bis 1895 achtmal den Besitzer gewechselt hatte. Das lag nicht so sehr daran, daß es in einer ausgesprochenen Arbeitergegend lag, wo das Geld knapp war, sondern mehr an der Wahl und theaterwirksamen Umsetzung der Stücke.

Bernhard Roses erklärte Absicht war es, ein Berliner Volkstheater im besten Sinne zu schaffen. In zäher und ausdauernder Arbeit schuf er die Voraussetzungen hierzu. Als gelernter Schriftsetzer hatte er sich mit der Schauspielerei bisher nur in seiner Freizeit beschäftigt. Nun bewies er, daß er der geborene Schauspieler und Theatermann war. Er bot den Zuschauern nicht nur klassische Stücke, sondern auch volkstümliche Lustspiele und Märchenaufführungen. Er wollte alle theaterliebenden Menschen, ob Arbeiter, Handwerker, Beamte oder Geistesschaffende, zu seinem Publikum machen.

Obwohl selbst ein besessener Theatermann, versuchte Bernhard Rose seine drei Söhne vom unruhigen Theaterleben fernzuhalten. Er bestand unnachgiebig darauf, daß Hans, Paul und Willy bürgerliche Berufe ergriffen. Hans wurde als Koch in die Lehre geschickt. Er beugte sich nicht lange dem Willen seines Vaters. Es gab einen Riesenkrach, er rückte von daheim aus und begann seine Theaterlaufbahn in Tilsit. Paul sollte Jura studieren und Willy auch einen soliden Beruf erlernen. Als Hans und Paul schon beim Theater waren, wurde auch Willy Schauspieler.

Bernhard Rose hatte seine Kräfte und Gesundheit beizeiten verbraucht. Er starb 1927 im Alter von 62 Jahren.

Hans, Paul und Willy Rose setzten als echte Söhne ihres Vaters gemeinsam sein Werk fort. Hans Rose wurde dabei von seiner Frau Loni, ge-

Die Rose-Brüder Willy, Paul und Hans (v. l. n. r.)

borene Pyrmont, einer talentierten Schauspielerin von Film und Bühne, unterstützt. Paul Rose heiratete die Schauspielerin und Sängerin Traute Kummer, die durch ihr Können und ihre Volkstümlichkeit weit über Berlin hinaus als erste Darstellerin des Rose-Theaters bekannt wurde.

Als Regisseur der bekannten Grimmschen Märchen eroberte sich Hans Rose die Herzen aller Kinder. Wenn »Frau Holle«, »Hänsel und Gretel«, »Das tapfere Schneiderlein«, »Schneewittchen« oder »Dornröschen« gespielt wurden, war der Zuschauerraum proppenvoll. Viele Tränen rollten, aber auch begeistertes Lachen umrahmte die Vorstellungen. Wenn am Ende der Vorhang fiel, hatten die Kinder Mühe, in die Wirklichkeit zurückzufinden, so sehr hatte die Märchenwelt sie verzaubert.

Das war für Hans Rose der schönste Lohn.

Bruder Paul hatte sich neben seiner Arbeit als Schauspieler, Regisseur und Dramaturg mit Leib und Seele dem Aufbau eines Theaterabonnements verschrieben. Von Tür zu Tür gehend, warb er persönlich unzählige Mitglieder für diese damals neuartige Einrichtung. Dem Theater sicherte er ausverkaufte Vorstellungen, und viele Menschen, die sich eigentlich den Luxus eines Theaterbesuches nicht leisten konnten, kamen dadurch billig in den Genuß der Bühnenkunst.

Ich denke gern an die Freundschaft mit Bernd zurück. Bernd kam mit zehn Jahren aufs Gymnasium, wodurch er weniger Freizeit hatte. Er wunderte sich, daß wir schon als Schulkinder Geld verdienen mußten.

Ein anderer Freund von mir hieß Heinz Heiduschke. Wir drückten in den letzten zwei Jahren die gleiche Schulbank.

Auch seine Mutter war im Rose-Theater Garde-

Die Schauspielerin und Sängerin Traute Rose

robenfrau. Die Familie besaß ein Rose-Abonnement für drei Personen, das nicht immer genutzt wurde.

»Hast du Lust zu einem Theaterbesuch? ›Das Schwarzwaldmädel‹ steht auf dem Spielplan. Traute Rose singt die Hauptrolle.« Heinz wußte, wie sehr ich diese Schauspielerin verehrte.

Bei einem Eintrittspreis von einer Reichsmark für einen guten Parkettplatz, einschließlich Programmheft und Garderobe, konnte ich mir öfter einen Theaterbesuch leisten. Ich lernte viele Operetten kennen. Traute Rose begeisterte mich mit ihrer herrlichen Stimme. Sie sang auch auf Schallplatten und im Rundfunk.

Zu den gleichen niedrigen Preisen wurde uns auch klassisches Theater geboten. Wir sahen »Der zerbrochene Krug« ebenso wie Gerhart Hauptmanns »Die Ratten«. Paul Rose führte meist Regie, spielte dabei oft noch die Titelrolle. Als er Goethes »Faust« in unserer Arbeitergegend aufs Programm setzte, zweifelten viele, ob er damit Erfolg haben würde. Das Stück wurde einhundertmal vor ausverkauftem Haus gespielt.

Es gastierten auch viele Schauspieler; Agnes Straub, Maria Paudler, Brigitte Mira, Rotraut Richter, Gretl Theimer. Luzie Englisch traf ich oft in der Koppenstraße, wenn sie nach der Theaterprobe zum Schlesischen Bahnhof ging. Wenn ich ihr einen »guten Tag« wünschte, sagte sie in unverwechselbarem Dialekt ihr »Danke schön« und lachte.

Otto Gebühr gastierte oft im Rose-Theater, ebenso Leo Peuckert und Tony van Eyck.

Als einziges Berliner Haus hatte das Rose-Theater eine Gartenbühne. Vom ersten Pfingstfeiertag an bot man hier dem Publikum leichte Kost in Form musikalischer Einakter, wie »Förster Christel« oder »Der Fürst von Pappenheim«, und gutes Varieté bis in den Herbst hinein. Nach der Vorstellung war Tanz.

Im Juni gab es das »Rosenfest«. Tausende echte Rosen erblühten und machten dem Namen des Theaters alle Ehre.

Als meine Lehrzeit zu Ende war und ich mehr Geld verdiente, saß ich mit meiner Freundin oft im Rose-Garten, und wir erfreuten uns der schönen Melodien. Bei herrlichem Rosenduft wurde kein Tanz ausgelassen.

Obwohl das Theater im Volksmund den Namen »Schmalzstullen-Theater« hatte, weil die Besucher in den Pausen ihre mitgebrachten Stullen aßen, wurde doch gute Schauspielkunst bei billigsten Preisen geboten.

Mädchen für alles

Das Kino ALHAMBRA übte auf mich eine starke Anziehungskraft aus. Was mag es da in dem großen Saal mit 800 Sitzplätzen und in den Nebenräumen nicht alles zu sehen geben? dachte ich. Wie sahen die Vorführapparate aus, und wurden sie etwa noch mit der Hand betrieben? Mir kam der Gedanke, das Kinogelände bei passender Gelegenheit gemeinsam mit zwei oder drei Kumpeln in Augenschein zu nehmen.

Bruno, Eugen und ich betrachteten zuerst die über zwei großen Toreinfahrten angebrachten riesigen Reklameschilder. Dann zogen uns die in Schaukästen unter Glas ausgestellten Filmbilder in ihren Bann. Schließlich standen wir auf dem großen Hof, der an beiden Seiten durch Rasenflächen und Blumen verschönert wurde und an dessen Ende sich der Haupteingang zum Kino befand.

»Wo wollt ihr denn hin?« fragte uns eine kräftige Männergestalt. Wir konnten vor Schreck nicht antworten. »Verschwindet, hier ist kein Spielplatz, verstanden?«

So lernten wir den Haus- und Bühnenmeister Therno des Kinos kennen. Obwohl er gern Kinder für sich arbeiten ließ, lockte er uns zum Anfang nicht mit Zuckerbrot, sondern zeigte die Peitsche. Er wußte, daß wir trotzdem wieder auf dem Hof erscheinen würden.

Eines Tages durften wir dann für seine Katzen aus der Roßschlächterei in der Rüdersdorfer Straße Schabefleisch holen. Dort standen die Feinschmekker täglich Schlange, um für den eigenen Verzehr Rouladen, Schmorfleisch und Dauerwurst zu kaufen. Zum Anstehen hatte Herr Therno keine Zeit.

Für die Musiker konnten wir dienstags und freitags jeweils bei Programmwechsel Laufbursche sein. Dann probten sie am frühen Nachmittag mit dem Orchester für das neue Stummfilmprogramm. Wir holten für sie Getränke, Zigaretten und Würstchen mit Salat. Die Herren rundeten beim Abrechnen nach oben auf.

Langsam hatten wir Herrn Thernos Vertrauen erworben. Wir wurden in seinem Arbeitsplan als »Mädchen für alles« einbezogen.

In der Malerwerkstatt scheuerten wir die Leimfarbe von den mit Leinwand bespannten Reklamerahmen. Spritzten wir uns dabei aus Übermut mit Wasser und Herr Therno erwischte uns, drehte er sofort den Wasserhahn ab und scheuchte uns vom Hof. So erzog er uns zu gehorsamen Untertanen.

Im Winter schaufelten wir den bergeweise im Kohlenbunker eingelagerten Koks über eine Holzrutsche in den Heizungskeller. War Herr Therno mal nicht in der Nähe, dann rutschten wir selbst in den Keller hinab. Wehe, wenn er uns dabei erwischte! Nach getaner Arbeit sahen wir wie Neger aus. Wir durften uns dann unter einer Dusche, die Herr Therno aus einem an die Decke gebundenen Wasserschlauch selbst gebaut hatte, gegenseitig den Kohlenstaub abwaschen.

Filme mußten nach der Vorstellung sofort zurückgerollt werden, um wieder vorführbereit zu sein. Dies geschah per Hand. Herr Therno hatte mich für diese Arbeit angelernt, wahrscheinlich, weil ich mich geschickt anstellte. Wurde die Rolle zu ruckartig betätigt, riß der Film. Das Zusammenkleben war mühevoll. Da ich spätestens um 18.00 Uhr zu Hause sein mußte, durfte ich nur bis zum Ende der ersten Vorstellung helfen.

Die Wochenschau oder den Kulturfilm zum Partnerkino CONCORDIA in die Andreasstraße zu befördern galt als besondere Vertrauensarbeit. Um Geld zu sparen, liehen sich zwei nahegelegene Kinos Wochenschau und Beiprogramm gemeinsam vom Filmverleih aus. Ein Kino begann mit der Wochenschau, das andere mit dem Kulturfilm oder dem Hauptfilm. Der Austausch mußte in Windeseile erfolgen. Bruno durfte dazu sogar das Fahrrad von Herrn Therno benutzen. Zur Luftverbesserung hing im riesigen Kinosaal ein Zeppelin in der Länge von ungefähr anderthalb Metern und einem Durchmesser von vierzig Zentimetern an der Decke. Er konnte mittels eines langen Kabels bis zur halben Höhe des Saales herabgelassen werden. Ein Elektromotor setzte ihn dann in kreisende Bewegung. Durch eine Sprühvorrichtung wurde Parfüm-Luftverbesserer über den Kinobesuchern zerstäubt. Der Bauch des Zeppelins hatte ein Fassungsvermögen von zehn Litern und mußte jeden zweiten Tag gefüllt werden.

An dieser Arbeit war jeder von uns interessiert,

aber nur die Geschicktesten durften helfen.

Das Kino, alle Reklameflächen und die Schaukästen wurden abends erleuchtet. Das Auswechseln defekter Glühlampen übernahmen wir gern, nicht nur wegen des Herumkletterns auf der Leiter. Unbrauchbare Glühlampen sollten wir zwar in den Müllkasten werfen, aber wir veranstalteten damit Wettbewerbe. Das gab einen schönen Klang, wenn die Glaskolben an der Hauswand zerschellten. Ertappte uns Herr Therno bei diesem Wettstreit, dann ließ er ein Stück derben Wasserschlauch auf unserem Hintern tanzen. Außerdem erhielten wir für mehrere Tage Hausverbot.

Damit sich kein Ungeziefer in Keller- und Lagerräumen einnisten konnte, hielt Herr Therno Katzen, die von ihrem Herrchen unsagbar verwöhnt wurden. Uns war unverständlich, daß sie trotzdem noch Mäuse fingen.

Auf den Reklameflächen des Kinos wurde eines Tages groß und marktschreierisch angekündigt: »Die größte Bühnenschau des Jahres, zusätzlich zum Filmprogramm, bei gleichbleibenden Eintrittspreisen. Die ungetrübte Schönheit der Natur.« Darunter stand: »24 Girls zeigen herrliche Nackttänze.« Während der Generalprobe krochen die größeren Jungen in den Zuschauerraum und versteckten sich in den Logen. Wir folgten. Bruno zeigte sich recht aufgeregt. So kribbelig kannten wir ihn gar nicht. Verstand er schon etwas mehr von der Ankündigung als Eugen und ich?

Endlich war der Film zu Ende. Das Orchester setzte mit flotter Musik ein, der Vorhang öffnete sich. 24 völlig nackte Mädchen traten auf die Bühne und tanzten.

Die größeren Jungen flüsterten von prallen Brüsten und knospigen Brustwarzen.

Alle bisher geübte Vorsicht erwies sich als sinnlos. Bruno war an einem Stuhlbein hängengeblieben, riß den Stuhl um, und die ganze Rasselbande wurde von Herrn Therno erwischt und verdroschen. Mir brannte der Hintern die ganze Nacht hindurch.

Leider wurde jetzt für uns der Vorhang für immer herabgelassen. Nun waren wir nicht mehr gefragt. Herr Therno war nachtragend und konnte unser Vergehen nicht verzeihen. Er begann nach bekannter Rezeptur mit dem Aufbau einer neuen Truppe.

1. Mai 1929

Ich saß mit Eugen auf den Stufen zum Parteilokal der KPD in Nr. 62. »Bruno wollte doch ooch kommen. Hata etwa Stubenarrest?« Ich brauchte Eugens Frage nicht zu beantworten, Bruno stand vor uns.

»Hätte beinah vapennt. Die Alten sind ganz zeitig weg«, sagte er.

Eugen meinte: »Is nich so schlimm, hia is ooch noch allet zappendusta.«

Als uns die Männer vor Tagen fragten, ob wir am 1. Mai Papiernelken verkaufen wollten, sagten wir prompt zu.

Hierbei lockte nicht der Verdienst.

Wenn wir Bengels vor dem Parteilokal saßen, fragten uns die Genossen, ob die Eltern arbeitslos seien und ob wir noch Geschwister hätten. Manchmal spendierten sie Bonbons oder sogar einen Rollmops und schenkten uns rote Papierfähnchen mit Hammer und Sichel.

Unsere Koppenstraße sah heute recht festlich aus. Unzählige Fahnen verdeckten die schadhaften Fassaden der Häuser.

»Wia habn 'ne rote Fahne am Fensta«, sagte Bruno.

»Mein Vater hat 'ne schwarz-rot-goldene rausgehängt, is doch beim Reichsbanner«, entgegnete Eugen.

Die Frage, was für eine Fahne aus unserem Fenster flatterte, ließ ich unbeantwortet.

»Sein Vata jeht inne Kirche, dea hängt keene Fahne raus«, meinte Bruno.

Er hatte recht. Meinem Vater waren die Sozis zu lasch, der KPD mißtraute er, weil sie nichts von Gott wissen wollte, den Deutschnationalen, weil sie die Interessen der Reichen vertraten. An den Zentrum-Leuten störte ihn die katholische Religion, und Hitler hielt er für einen notorischen Schreihals.

Die Jalousie wurde hochgezogen. »Ihr seid ja pünktlich wie die Maurer. Na, dann man rein mit euch in die gute Stube«, sagte ein Genosse.

Jeder bekam 20 Nelken, Verkaufspreis pro Stück 10 Pfennig. »Wenn ihr alle verkauft habt, müßt ihr 1,80 Reichsmark pro Nase abrechnen.« Er heftete uns eine Papiernelke an die Brust, worauf wir stolz waren.

Eugen, Bruno und ich setzten uns in Richtung Große Frankfurter Straße in Marsch und riefen abwechselnd: »Ob jroß, ob klein, keiner darf ohne Mainelke sein, Stück forn Jroschen, bevoa se alle sind.«

Bruno hatte seine Nelken als erster verkauft. Er half mir, meine loszuwerden. Selbst Arbeitslose steckten sich am 1. Mai eine rote Nelke ins Knopfloch. »Machen wir aus Solidarität!« sagten sie. »Schließlich sind wir auch Arbeiter!«

Immer mehr Menschen kamen in die Große Frankfurter Straße. Wie eine große Viehherde standen wir zusammengedrängt. Eugen kletterte auf eine Laterne, um sich einen Überblick zu verschaffen. Noch ehe er uns etwas sagen konnte, hörten wir die Protestrufe »Arbeiterverräter!«.

»Mensch, dicke Luft, de Polente vadrischt allet, wat unta ihre Jummiknüppel kommt. Los, haun wa ab«, befahl Eugen und rutschte wie ein geölter Blitz von der Laterne.

Daß es zum Abhauen bereits zu spät war, merkten wir erst, als wir die Schläge der Zörgiebel-Polizei abbekamen. Die Berittenen schlugen brutal in die Menschenmenge. Ich verspürte plötzlich einen stechenden Schmerz im Rücken und ging in die Knie. Eugen und Bruno versuchten, mich wieder auf die Beine zu stellen. Aber es gelang ihnen nur mühsam, denn ich hing wie ein nasser Sack in ihren Armen. Wie sie mich aus dem Gewühl herausgebracht hatten, wußte ich nicht. Als wir vor unserer Wohnungstür standen, war meine Mutter zuerst sprachlos. Dann schimpfte sie: »Ihr müßt eure Nase auch überall hineinstecken. An solch einem Tage solltet ihr doch lieber zu Hause bleiben.«

Bruno und Eugen verkrümelten sich. Mutter kühlte meinen Rücken mit nassen Umschlägen und sagte dabei: »Dummer Bengel. Hast dir was eingehandelt. Vater wird staunen. Ich kann aber nicht stundenlang bei dir sitzen und den Rücken kühlen. Jetzt streue ich dir Kartoffelmehl drauf, das hilft auch.«

Nun konnte ich das Treiben auf der Straße nur vom Fenster aus beobachten. Wo kamen bloß die vielen Menschen her? Kleine Gruppen ordneten sich schnell zu einem neuen Demonstrationszug. In Sprechchören riefen sie nach Arbeit und Freiheit. Dann erklangen bekannte Arbeiterlieder. Aus der vierten Etage in Nr. 28 rief Martins Mutter »Rot Front, Rot Front, Rot Front!« Einige Jahre später wurde sie ins KZ gesteckt. Bruno und Eugen gingen auf der anderen Straßenseite, als wollten sie sich erkundigen, wie es mir geht. Ich dachte an die Groschen von den roten Nelken. Sie steckten noch in meiner Hosentasche. Obwohl ich mich ganz vorsichtig aus der Küche schleichen wollte, bemerkte es meine Mutter. »Das verstehe ich nicht«, sagte sie. »Erst müssen dich zwei Jungen heimbringen, und nun juckt dir schon wieder das Fell.«

Sie hatte ja recht. Aber sollten die Genossen denken, ich käme nicht zur Abrechnung? Ich lief Bruno und Eugen, die sich an unsere Hauswand gedrängt hatten, direkt in die Arme. »Mensch, deine Mutta ist aba strenge, wir haben uns nicht mehr zu dir getraut. Kommste mit abrechnen?« fragte Eugen. Wir gingen zum Parteilokal. Gerade wurden die Jalousien runtergelassen.

Ein Genosse, den wir schon am Morgen hier gesehen hatten, sagte: »Schnell rein mit euch, wir haben's eilig. Am Bülowplatz und in Neukölln hat die Polente unsere Genossen zusammengeschlagen und sogar welche erschossen!«

Wir schütteten unsere Hosentaschen aus. Der Genosse lobte uns für unseren Einsatz.

»Det de Polente hart im Dreschen is, habn wa ja selba gespürt. Aba totschießen? Det is doch ne Hundsjemeinheit. Sind doch allet Arbeiter. Det habn die Tschackos woll vajessen«, sagte Bruno.

Als ich nach Hause kam, saß Vater bereits in der Küche. Plötzlich brannte mir der Rücken wieder wie verrückt. Vater brüllte nicht, schimpfte nicht. »Mußte das sein? Du wirst es noch früh genug spüren, wie machtlos die Menschen bei Uneinigkeit sind. Der 1. Mai gehört uns Arbeitern. Wer wurde erschossen? Doch nur Arbeiter!«

Jetzt hatte sich Vater in Wut geredet.

Am anderen Morgen erfuhren wir es aus der Zeitung: Während der Maikundgebungen waren 31 Arbeiter ermordet worden.

Tütendreher

Sobald in Werder die Obstschwemme begann, fing für uns eine lohnende Kinderarbeit an: Tütendrehen.

Im Gegensatz zu den Händlern mit festem Stammplatz schossen die fliegenden Händler wie Pilze aus der Erde. Sie entwickelten in den Straßen Berlins eine beachtenswerte Tätigkeit im Verkauf von garantiert am Vortage gepflücktem frischem Obst.

Bruno, Eugen und ich hatten unseren festen Händler, bei dem wir in Lohn und Brot standen.

Dieser kaufte bei Altstoffhändlern Berge von Zeitungspapier auf, die wir unermüdlich verarbeiteten. Der Chef hatte uns die Kniffe für das Tütendrehen beigebracht. Die Spitze bekam durch gekonntes Falten Stabilität. Schließlich mußte das Obst ja sicher nach Hause gebracht werden.

Die Zusammenarbeit Händler – Hilfspersonal klappte vorzüglich. Vormittags halfen dem Händler dessen Familienangehörige. Nach Schulschluß, so gegen 14.00 Uhr, wurden sie von uns abgelöst. Zu dieser Zeit hielt sich unser Chef in seiner Freßkneipe auf. Pünktlichkeit wurde groß geschrieben, wollte er doch den Großhändler in der Zentralmarkthalle meist noch bis 15.00 Uhr erreichen, um, letztmalig für den Tag, neue Ware aufzunehmen. Wir brauchten nicht am Hungertuch zu nagen, er spendierte uns belegte Schrippen und Brause. Die Stärkung hätten wir gern in der Kneipe zu uns genommen, denn hier konnte man vieles hören und sehen. Aber dazu fehlte die Zeit. Mit Schrippe und Brause in der Hand eilten wir zum Pferdewagen. Die Schulmappe wurde unterm Kutschbock aufbewahrt.

Ob der Wagen stand oder durch die Straßen rollte, Tüten wurden fortlaufend gedreht. Es galt ja, nicht nur den Bedarf des Nachmittags zu dekken, sondern auch für den nächsten Vormittag mußte Vorrat geschafft werden. Die Chefin, oder wer sonst in unserer Abwesenheit half, war für die Tütendreherei zu langsam und wenig dafür zu begeistern. »Laß det mal die Bengels machen, die sind ausgefuchster«, empfahl sie ihrem Mann.

Wenn es unsere Eltern erlaubten, leisteten wir in den Ferien Ganztagsarbeit. Das wirkte sich natürlich günstig auf unseren Verdienst aus.

Mich beeindruckte der Fleiß des Chefs. Sein Arbeitstag war sehr lang. Früh um 4.00 Uhr besiegelte er in der Zentralmarkthalle am Alex mit dem Obstgroßhändler durch Handschlag bereits das erste Geschäft.

Bei der Firma Pintsch in der Andreasstraße begann um 6.00 Uhr die Frühschicht. Um 5.30 Uhr stand der Händler vor dem Werktor und verkaufte sein taufrisches Obst.

Anschließend ging es im Eiltempo zum Krankenhaus Friedrichshain. Hier pries er marktschreierisch seine Ware an: »Zuckersüße Kirschen, Pfund für zweenhalb (25 Pfennig)!« Am Haupttor riß ihm das Pflegepersonal vor Dienstantritt das Obst buchstäblich aus der Hand. Dann war der Wagen das erste Mal leer. Zwei Zentner Obst hatten ihre Abnehmer gefunden. Auf dem Weg zum zweiten Einkauf in der Halle am Alex trafen wir uns, wenn Ferienzeit war, mit dem Chef. Jetzt erlebten wir die immer wieder interessanten Geschäftsgebaren Händler – Großhändler, in deren

Die Zentralmarkthalle am Alexanderplatz

Verlauf bei der Preisfestsetzung oft mit harten Worten um Pfennige gefeilscht wurde. Blieb der Grossist zu unnachgiebig, drohte unser Chef damit, die Ware wieder abzuladen. Er war nicht zimperlich und blieb am Ende meist Sieger.

Meist lief das Geschäft so gut, daß er viermal am Tage zur Halle fuhr.

Wir Bengels mußten tüchtig hinterherklotzen, um den Tütenbedarf zu decken. Mein starker Freund Eugen drohte manchmal schlappzumachen. Merkte der Chef unser Ermüden, ermunterte er uns, tüchtig ins Obst zu greifen und uns zu stärken. Fleiß und Ehrlichkeit wurden von ihm anerkannt. Letztere bewertete er besonders kritisch, bewahrte er doch seine Einnahmen in einer einfachen viereckigen Blechkiste auf. Wehe dem, der lange Finger machte! Mit dem Stiel der Pferdepeitsche wurde er davongejagt und hatte für alle Zeiten verschissen.

Sonst blieb unser Chef stets großzügig. Bei Halbtagsarbeit verdienten wir pro Nase eine Reichsmark. Während der Ferien erhielten wir ganztägig zwei Mark, dazu volle Verpflegung. Abends durften wir uns für die Familie eine große Tüte Obst als Deputat mitnehmen.

War die Obstsaison vorbei, begann der Handel mit Schokolade oder Bananen.

Die Schokolade kaufte er zu Spottpreisen bei Versteigerungen von Warenbeständen pleitegegangener Grossisten und verschleuderte sie. Dabei wirkte sein Redetalent so überzeugend, daß die Ware wegging wie nichts.

»Für eine Reichsmark sollt ihr euch heute euer Leben versüßen. Nicht eine Tafel, nicht zwei oder drei, nein vier Tafeln Sarotti-Schokolade, dazu einen Karton Weinbrandbohnen und für die Kinder die beliebten Krem-Waffeln, und das alles für nur eine einzige Reichsmark!«

Wir Bengels standen vor den jeweiligen Kartons und reichten dem Chef die Ware zu. Abends tat uns vom vielen Bücken das Kreuz weh.

Die Bananen wurden ebenfalls ersteigert und wechselten gleich vom Wagen des Grossisten auf den unseres Chefs über. Bereits an der nächsten Straßenecke wurden sie handweise, je Hand 10 bis 15 Stück, für eine Mark verkauft. Hierzu standen wir auf dem Wagen, zerteilten die Bananenstauden und warfen sie dem Chef zu. Wie konzentriert der Mann arbeitete! Drei, vier Hände voll warf er fast gleichzeitig ins Publikum, und trotzdem entging ihm kein Kunde mit der Bezahlung. Zwischendurch nahm er eine Banane und bot sie als Kostprobe an.

Zu dieser Zeit träumte ich davon, so ein fleißiger und wendiger Händler wie mein Chef zu werden. Als ich altersmäßig dann soweit war, wurden keine Bananen mehr ins Volk geworfen und das Leben nicht mit billiger Schokolade versüßt.

»Fichte«-Sportler

Unsere 30. Volksschule in der Rüdersdorfer Straße hatte ihren eigenen Sportverein: Sportklub Lila-Weiß 1912. In den Klassen ab fünftem Schuljahr wurde von Zeit zu Zeit um neue Mitglieder geworben. Eugen, Bruno und ich konnten uns nicht entschließen, in den Klub einzutreten, der von unserem strengen Turn-, Gesangs- und Zeichenlehrer geleitet wurde. Herr Wiesemann, der oft und gern zum Rohrstock griff, ließ die Turnriegen zackig marschieren und brüllte dazu seine Kommandos. In seinen Klub gingen meist Kinder, deren Eltern Geschäftsleute, Beamte oder Akademiker waren, da paßten wir schlecht hin. Bruno meinte: »In den Verein gehe ick nua, wenn Lehra Wiesemann mein Zeugnis mit juten Zensuren vollpflastert.«

Eugen wohnte in Nr. 31 im Vorderhaus, Bruno im Seitenflügel, Aufgang E. Sie stellten eines Tages fest, daß Genossen vom Parteilokal in Nr. 62 im ersten Stock des Quergebäudes in einem großen Raum arbeiteten. Es wurde gehämmert und gemalert. Neugierig wurden die Männer gefragt, was hier gemacht wird! »Fichte kricht den Saal als Turn- und Übungsraum. Wer det nischt für euch, damita 'n bisgen Murr inne Knochen kricht. Da hinten iss unser Artur, der wird allet orjanisieren. Sprecht mal mit ihm, der freut sich uff Neue.«

Da war Artur auch schon bei uns. »Na, ihr drei. Solltet Turner werden. Habt 'ne prima Figur. Könnt gern zu uns kommen. Dienstags und freitags von 16.00 bis 18.00 Uhr ist Übungszeit. Und wenn es eure Eltern erlauben, sonntags geht's auf Fahrt in die Mark Brandenburg.«

Wir kamen probehalber, ohne daß es die Eltern wußten und obwohl wir keine Turnkleidung besaßen. Weil ich mir nicht sicher war, ob mein Vater die Turnerei gestatten würde, sagte ich, wir seien nach Ansicht des Turnlehrers steife Böcke und sollten schleunigst in einen Turnverein eintreten. Vater meinte: »Was die heute alles verlangen. Bin auch ohne Sport groß und kräftig geworden. Arbeit ist der beste Sport!«

Ich ließ nicht locker, bis mich sogar Mutter unterstützte. »Gönne dem Jungen doch auch mal eine Freude. Bringt manche Mark ins Haus. Und er kommt von der Straße weg.«

Vater gab schließlich nach.

Wir mußten uns die Zeit fürs Turnen zusammenstehlen. An manchem Übungsnachmittag fehlten wir, weil das Geldverdienen wichtiger war.

Anfangs hingen wir wie nasse Säcke an den Turngeräten. Eugen stellte sich besonders tolpatschig an. Und gerade von ihm hatten wir erwartet, daß er uns durch seine Kräfte in den Schatten stellen würde.

Von Artur hörten wir niemals »ihr Schlappschwänze«. Seine Ausdauer und Geduld ließ keinen von uns mutlos werden.

Wenn ich besonders fleißig war und Mutters Haushaltskasse tüchtig aufgebessert hatte, durfte ich sonntags manchmal eine Fichte-Fahrt mitmachen, anstatt in die Kirche zu gehen. Das waren unvergeßliche Ausflüge.

Beim Spielen und Baden wurden wir schnell hungrig. Das Mittagessen wurde gemeinsam gebrutzelt. Wir Jungen sammelten trockenes Holz und bewachten das Feuer. Die Mädchen hatten Kartoffeln, Eier und fetten Speck mitgebracht. Dazu gab es eine Maggisuppe. Nicht ein Krümel blieb übrig. Daß die Bratkartoffeln meist noch ziemlich hart waren, dämpfte unseren Appetit nicht. Einige größere Mädels hatten ihre Gitarren mitgebracht und begleiteten unseren fröhlichen Gesang.

Bei Sport, Spiel und Fröhlichsein legte Artur großen Wert auf Gemeinsamkeit. Mädchen und Jungen wurden von ihm gleichberechtigt behandelt. Er duldete weder Cliquenwirtschaft noch rüpelhaftes Verhalten gegenüber den Mädchen. Wer sich wie ein Zotenreißer benahm, durfte sich für immer verabschieden.

Freikörperkultur konnte zur damaligen Zeit nur an abgegrenzten, hochumzäunten Stellen betrieben werden. Als einige Mädchen abseits unseres Lagerplatzes nackend baden gingen, erlaubten sich zwei Jungen, obszöne Witze darüber zu machen. Artur stellte sie zur Rede. Nachdem sie sich bei den Mädels entschuldigt hatten, mußten sie sofort die Heimfahrt antreten und waren nachfolgend auf keinem Turnabend mehr zu sehen.

Nach 1933 wurde der Turnverein »Fichte« aufgelöst. Während die meisten Mitglieder nun einem bürgerlichen Verein beitraten, trafen sich einige Mädchen und Jungen heimlich weiter. Wir machten im Sommer Ausflüge und besuchten im Winter die Volksbadeanstalt an der Schillingsbrücke. Artur war anfangs mit dabei. Nachdem er durch alte Genossen erfahren hatte, daß er überwacht wurde, verließ er Berlin mit unbekanntem Ziel. Wir haben von ihm niemals etwas gehört.

Die Zahl der Zurückbleibenden wurde immer kleiner, bis die Gruppe eines Tages ganz auseinanderfiel.

In der Kohle

Aus dem Wernerschen Kolonialwaren-und-Gemüse-Geschäft in unserem Haus wurde ein Kohlenkeller. Das Ehepaar Werner hatte sich zur Ruhe gesetzt und der Kohlenhändler Hermann Koch den Keller umfunktioniert. Sein Sohn betrieb auf unserem Hof in den Pferdeställen der ehemaligen Firma Metke mit vier Pferden ein Fuhrgeschäft.

Wir drückten uns oft vor dem Kohlenkeller herum. Manchmal durften wir beim Bedienen der Kundschaft helfen. Onkel Hermann schmiß den Laden allein, so daß wir ihm willkommen waren. Viele Familien kauften die Kohlen eimerweise oder in Einkaufstaschen. Für 50 Pfennig gab es, je nach der Jahreszeit, 20 bis 25 Preßkohlen. Wir zählten sie den Kunden in ihre Behältnisse. Im Sommer waren die Kohlen billiger als im Winter. Onkel Hermann hatte bald festgestellt, daß wir nicht ungeschickt waren. Er zeigte uns, wie die zum Austragen der Kohlen benutzten Kästen vollgepackt werden.

Es dauerte nicht lange, da kannten wir alle Arbeitsvorgänge des Kohlehandels. Die Preßkohlen kamen meist aus dem Lausitzer Revier, wurden dort von den Grubenarbeitern akkurat in die offenen Kohlenwagen gestapelt und auf dem Schienenweg in die Städte und Dörfer transportiert. Für unseren Kiez war der Schlesische Güterbahnhof der Eingangsbahnhof. Der Kohlenhändler erhielt zum Beispiel von der Grube »Ilse« die Benachrichtigung, daß seine Lore abgeschickt worden ist. Die Pferdefuhrwerke der Kohlenhändler trafen morgens zwischen fünf und sechs Uhr am Bahnhof ein. Onkel Hermann benutzte meist die Gespanne seines Sohnes.

Pferdekutscher und Beifahrer – Berufsbezeichnung: Kohlentrimmer – fuhren an die Lore heran, legten von ihr zum Pferdewagen eine Eisenplatte und schleppten darüber die leeren Kohlenkästen. Fassungsvermögen eines Kohlenkastens: 75 Kilo. In die Kästen mußten neun Preßkohlen nebeneinander und bis zu sechzehn Reihen übereinander gepackt werden. Die vollen Kästen wurden über die Brücke zum Pferdewagen gekantet, eine schwere Arbeit, die viel Geschick erforderte. Dann ging es im Trab zum Kohlenhändler. Hier wurden die Kästen abgeladen, in den Keller getragen und fein säuberlich ausgepackt. Das Stapeln der Preßkohlen bis unter die Decke des Kellers erforderte wiederum viel Umsicht, damit der Stapel später nicht umkippte. Um eine Lore zu leeren, mußte mehrmals gefahren werden.

Wir übten das Ein- und Auspacken der Briketts unermüdlich, griffen mit beiden Händen eine Reihe mit neun Kohlen aus dem Stapel und packten sie in den Kasten: Zack, zack, ging es ohne Unterbrechung. Eugen jammerte, weil er sich dauernd die Finger einklemmte. Als auch ich Blutblasen bekam, umwickelte ich jeden Finger mit Isolierband.

Die Kohlentrimmer hatten unsere Geschicklichkeit bald mitbekommen. »Mensch, Piepels, ihr macht es ja wie die Alten. Damit könnta bei uns Jeld vadien.«

Für einen Pferdewagen wurden zwei Jungen gebraucht. Eugen und ich halfen bei Onkel Willi. Wir klotzten ran. Für den zweiten Wagen brachte sich Bruno aus seinem Haus den langen Willi als Gehilfen mit. Die Kutscher, nunmehr unsere Arbeitgeber, stellten erfreut fest, daß sie durch uns bei Halbtagsarbeit mindestens eine Fuhre mehr schafften.

Wir wollten mit Gewalt erwachsen sein. Nicht um anzugeben. Des Geldes wegen. Die Schulentlassung rückte näher, und für die Konfirmation wurde zusätzlich Geld für Anzug und Schuhe, Hut und Oberhemd gebraucht.

In den großen Ferien gingen wir ganztägig in die Kohle. Inzwischen hatten wir das Ein- und Ausspannen der Pferde gelernt, konnten ihnen Futter einschütten und sie tränken. Sie haben uns manchen Eimer Wasser über den Bauch gekippt, wenn sie ihren großen Kopf hineinsteckten. Vielleicht war es Übermut! Der kräftige Eugen forderte mich auf: »Tränk du die Gäule, ick bin zu kleene. Die habn nicht son langen Hals, und ick kann 'n vollen Wassereimer nich zu se hochhebn.«

Unsere Frühstücksstullen aßen wir während der Fahrt. Zum Durststillen gab es unterm Kutschbock Seltersflaschen.

Mittags durften wir mit in die Kneipe. »Los, Jungs, ran an'n Speck und neue Kräfte sammeln.

Bratheringe oder Buletten? Und für jeden eene Brause, damita den Kohlenstoob runterspülen könnt«, forderten sie uns auf. Für den Ferientag bekamen wir drei bis vier Reichsmark von den Kohlentrimmern. Sie selbst gingen mit 20 bis 30 Reichsmark nach Hause.

Waren keine Kohlenzüge gemeldet, dann verdingten wir uns bei den Kohlenhändlern als Austräger. Die 1-Zentner-Kästen packten wir halbvoll und brachten sie den Kunden in die Wohnung oder in den Keller. Für einen Zentner gab es pro Etage zehn Pfennig Treppengeld und, so man Glück hatte, außerdem noch Trinkgeld.

Wer das Herablassen des Kohlenkastens nicht im Griff hatte, kippte dem Kunden die Kohlen auf den Fußboden, was der sich nur einmal gefallen ließ. Also: Tragegurt über den rechten ausgestreckten Arm abgleiten lassen, linken Arm nach hinten auf den Rücken und Absichern des nun über die Rückseite des linken Oberschenkels rutschenden Kastens.

Onkel Hermann sagte oft zu Eugen: »Junge, du hast Kräfte wie 'n Bulle, aber bist wie 'n Elefant im Porzellanladen. Die Kunden meckern mit mir, weil du ihnen de Kohlen vor dee Beene schmeißt. Übe, übe, bis dir der Buckel glüht.«

Eugen fiel es schwer, das Gewicht zu verlagern. Wenn er den Kasten herabließ, stand er gerade und steif wie ein Bock.

Eine gute Kundin hatte Onkel Hermann gebeten: »Schicken Sie mir nicht mehr den kleinen Patachon, ich muß hinterher immer großreinemachen.«

Also mußte ich die drei Etagen zu ihr erklimmen. Sie empfing mich beim ersten Kasten mit unzufriedenem Gesicht. »Da habe ich Herrn Koch extra gebeten, mir einen vernünftigen Kohlenträger zu schicken, und jetzt kommt 'ne halbe Portion, der ich das Vaterunser durch die Backen blasen kann.«

Ich war zwar nur ein schmächtiger Arbeiterjunge aus der Koppenstraße, aber solche Begrüßung regte mich gewaltig auf. Junge, reiß dich zusammen, dachte ich, und blamiere nicht die Innung!

Weil die Frau vier Zentner Kohlen bestellt hatte, mußte ich achtmal die drei Etagen hoch. Nicht eine Kohle fiel aus dem Kasten. Schließlich lobte mich die Frau sogar und schenkte mir zwei Mark. Trotz meiner dreckigen Arbeitskleidung und meines schwarzen Aussehens mußte ich mich an ihren Küchentisch setzen, eine große Tasse Kakao trinken und zwei dick mit Wurst belegte Schrippen essen. »Nun hau mal rein und laß es dir gut schmecken.«

Ich blieb ihr »Haus- und Hoflieferant«.

Nach dieser Arbeit fiel ich abends todmüde ins Bett.

Am anderen Morgen hieß es wieder zusammen mit Eugen »Glück auf!«.

Wahlkampf

Es lag etwas in der Luft. Das spürten sogar wir Dreizehnjährigen.

1932 löste eine Wahl die andere ab. Zwei Wahlgänge zum Reichspräsidenten. Zwei Wahlen zum Reichstag und eine Landtagswahl in Preußen.

Während die Nazis bei den Reichstagswahlen am 31. Juli 1932 einen großen Sprung nach vorn machten und 13,7 Millionen Stimmen erhielten, verloren sie am 6. November 1932 über zwei Millionen Stimmen. Die Nazigegner glaubten, nun gehe es mit den Braunen wieder bergab.

Eugen galt unter uns in politischen Fragen als besonders klug. Sein Vater war beim Reichsbanner Schwarz-Rot-Gold und Funktionär im Holzarbeiterverband. Eugen wollte sich brüsten und erzählte: »Mein Vater sagt immer, wenn sich die Arbeiter weiter so die Köppe einschlagen, kommt Hitler bald an die Macht.« Bruno und ich hörten uns die Weisheit unseres Kumpels an und bewunderten sein Wissen. Willi, der seit unserer Arbeit in der Kohle zu uns gehörte, meinte: »Wat quatschte da forn Mist? Mein Alter schwört auf Teddy. Der wird's den Braunhemden schon zeijen. Wenn de Sozis bloß nich so stur wärn. KPD und SPD jemeinsam würdn den Adolf jagen, daßa mit seine SA und SS de Pantinen valiern täte. Kiekt euch doch mal die Koppenritze an. Allet rote Fahnen, nich janz so ville Schwarz-Rot-Gold und nua eene Hakenkreuzfahne voam SA-Lokal. Wat iss übahaupt heute abend mit de Zusammenkunft in de Andreas-Festsäle? Turnta ooch mit oda nich? Vajeßt nich, eene Stunde voa Bejinn solln wa uff'n Hof sinn.«

Im »Saalbau Friedrichshain«, in den »Andreas-Festsälen« und »Concordia-Festsälen« lief der Wahlkampf auf Hochtouren. Noch hatte Vater mir nicht erlaubt, als »Fichte«-Turner beim Riegenturnen mitzumachen. Er meinte: »Beim Zusammenkommen so vieler Menschen gibt es Kloppereien – und ihr Bengels dazwischen. Das muß ich mir gewaltig überlegen.«

Vater kam gerade vom Dienst. Also hin zu ihm. Ich sah ihn an. »Wenn dir das Fell juckt, geh hin zu deiner Turnerei. Aber komm mir nicht mit 'nem blauen Auge nach Hause, dann gibt's Senge!«

Fast alle Turner unserer Riege waren pünktlich

zur Stelle. Freude bei Artur, unserem Riegenleiter. Wir kamen kaum zur Bühne durch, die Polizei hatte den Saal bereits gesperrt, weil er überfüllt war.

Unsere Turnerei wurde begeistert aufgenommen.

Beim Umkleiden hörten wir hinter der Bühne das Randalieren von Störtrupps. Artur sagte uns: »Das sind wieder die Nazis. Wo holen die nur immer die vielen Schlägertypen her? Hoffentlich kommen wir hier heil raus! Keiner geht, bevor ich es erlaube.« Artur konnte sich auf uns verlassen. Außerdem hatten wir Schiß vor der Klopperei. Der Krach im Saal wurde immer größer. Artur kam zurück und erzählte: »Die Strolche haben Tische und Stühle von den Rängen in den Saal geworfen. Im Treppenflur liegen Verletzte. Statt die Radaubrüder von den Rängen zu holen, schlägt die Polizei wie wild in die Menge.«

Immer mehr Polizei kam in den Saal und löste die Versammlung gewaltsam auf. Wir wurden als letzte aus dem Umkleideraum geholt. Ein Polizist schimpfte: »Können sich kaum die Nase wischen, aber müssen überall dabeisein.«

Mir fiel ein Stein vom Herzen, denn ich konnte mich ohne blaue Flecken beim Vater zurückmelden.

Die Nazis betrieben im roten Osten eine riesige Wahlpropaganda. Die Briefkästen an den Wohnungstüren wurden täglich mit Unmengen von Handzetteln und Broschüren vollgestopft.

In Türritzen klemmten sie Aufrufe, und in die Schlüssellöcher steckten sie Hakenkreuzfähnchen.

Wir verstanden Eugen nicht mehr. Machte er neuerdings für die Nazis Reklame? Er kam mit der Frage zu uns: »Wollta euch jutes Jeld vadien? Zehn

Kommunisten im Wahlkampf, 1928

Reichsmark zahlen de Nazis fürt Vateiln ihrer Wahlpropaganda. Aus unsam Haus jeht een Junge als Zettelausträga, der vadient an eenem Tag mehr als wia die janze Woche inne Kohle.«

Ein paar Tage später erzählte Eugen: »Den Jungen habn de Nazis ordntlich vadroschen. Er warf de Zettel nich inne Briefkästen, sondan inne Müllkästen. Und dabei habnsen erwischt.«

Kurz vor der Wahl halfen wir den Genossen aus dem KPD-Lokal und verteilten ihre Wahlaufrufe. Holten wir nach Treppauf-Treppab-Märschen Nachschub, mußten wir uns erst mit einer Tasse Bouillon und Weißbrotstullen stärken. Vater und Mutter wollten mich verdreschen, weil ich erst bei Dunkelheit nach Hause kam. »Dir polieren sie noch die Knochen, daß du 'nen Denkzettel fürs ganze Leben hast«, prophezeiten sie mir.

Eines Abends wurden Bruno und ich im Treppenflur von Nr. 69 von Braunhemden aufgelauert, tüchtig verdroschen, die Treppen hinuntergestoßen und samt unseren Flugblättern in die zum Pferdestall einer Speditionsfirma gehörende Jauchegrube geworfen. Wir kehrten stinkend ins Parteilokal zurück. Die Genossen gaben sich große Mühe, uns vom Jaucheduft zu befreien. Bruno sagte: »Nu stinke ick nich nua, de Braunhemden stinkn mia ooch so richtich an.«

Von Vater und Mutter wurde ich gebührend empfangen. »Am besten ist, wir stecken dich gleich ganz in die Waschwanne und reinigen dich mit Soda und Schmierseife. Und woher hast du das Kainzeichen auf der Stirn?«

Jetzt erst merkte ich, daß mir mein Kopf gehörig brummte.

Ich war in der Jauchegrube mit der Stirn hart aufgeschlagen. Bei dem dann folgenden Durcheinander nahm ich von den Schmerzen keine Notiz.

Der Wahlaufruf für die Kommunistische Partei ist heute noch an einer Mauer in der Friedenstraße, Ecke Diestelmeyerstraße zu lesen.

Eine kleine Narbe an der Nasenwurzel erinnert mich heute noch an den Zwischenfall.

Bei jeder Wahl änderte sich das Fahnenbild in unserer Straße. Mein Vater behauptete, manche hätten auf ihre alte Fahne nur den weißen runden Fleck mit dem Hakenkreuz genäht.

Weil ich diesen Umschwung nicht begreifen konnte, bestürmte ich meinen Vater immer wieder mit Fragen. Ich hatte mir doch die Wahlaufrufe der KPD durchgelesen. Was darin den Arbeitern und Angestellten vor Augen geführt wurde, konnte ich als Schuljunge erfassen. Hatten die Menschen plötzlich ein Brett vor dem Kopf? Vater versuchte, mir aus meiner Verständnislosigkeit herauszuhelfen.

»Du merkst doch, wie es überall aussieht. Verlorener Krieg, Inflation, Arbeitslosigkeit. Nun kommt Hitler und verspricht Arbeit und Brot. Die Parteiuniform ist besser als 'ne zerrissene Hose, denkt da mancher. Na, und da kriechen sie dem Hitler eben uff'n Leim. Die interessiert nicht, daß die Kommunisten sagen ›Hitler bedeutet Krieg‹!«

Später habe ich die Ansicht meines Vaters bewundert. Er, der sich nie für einen politischen Standort entscheiden konnte, hatte klar erkannt, warum die Menschen Hitler wie dem Rattenfänger von Hameln folgten.

Der Deckmantel

Wir sammelten Zigarettenbilder der Marken »Juno«, »Bergmann-Privat«, »Loyd« und wie sie alle hießen. Bruno hatte sich auf Sportbilder gelegt, Eugen auf Marinebilder, ich auf Auto- und Tierbilder. Manchmal stellten wir uns vor Iffingers Tabakwarenladen und bettelten die Erwachsenen um Zigarettenbilder an. Hatten wir keinen Erfolg, wechselten wir zur Filiale von Loeser & Wolff, Ecke Koppen- und Große Frankfurter Straße. Unser Hauptlieferant war Erwin, der Sohn aus der Limonadenfabrik in unserem Haus. Seitdem wir beim Flaschenreinigen halfen, betrachteten wir ihn als unseren großen Freund. Beim Ausliefern von Selters, Limonaden und Weißbier fand er in den Kneipen manche leere Zigarettenschachtel samt Bildern. Er sammelte sie für uns.

Erwin selbst rauchte »Juno«.

Der aufgeweckte Bruno merkte es zuerst. »Kinda, Erwin muß krank sein. Villeicht hatta de Schwindsucht. Die frieren doch imma so, wat ick von mein Onkel Otto wissen muß, weila de Schwindsucht hatte. Selbst jetzt im Hochsomma looft Erwin manchn Abend mitn Mantel und hochjestellten Kragn«, sagte er.

Nun fiel mir Erwins Krankheit auch auf. Und immer wenn er im Mantel ging, hatte er Schaftstiefel an. Die trug er sonst nur am Tage, wenn er mit dem Pferdewagen zu den Kneipen fuhr. Wollte uns Erwin wieder Bilder geben, dann rückten wir ängstlich von ihm ab.

»Denkta, ick hab de Krätze, dassa nich rankommt?« fragte er. Wir schwiegen.

Eines Tages hatte Erwin neue Soldatenbilder. Sie waren schön bunt und zeigten in Serien »Die langen Kerls« vom ersten Preußenkönig, die »Ziethen-Husaren« vom Alten Fritz, die »Schillschen Offiziere« von 1806/07. »Wat sind det for Bilda?« fragte Bruno.

»Die kennta noch nich, sind janz neue. Die Zijaretten jib's nich in jedn Ladn, se heißen Trommler«, klärte uns Erwin auf.

Abends zeigte ich Vater die neuen Bilder. Der besah sie sich gründlich, schluckte ein paar Mal, als wollte er etwas sagen. Tage später fragte er mich: »Weißt du überhaupt, was das für Bilder sind?«

»Klar«, antwortete ich, »Soldatenbilder.«

»Dummkopf«, sagte Vater, »ich meine, wer sie in Umlauf bringt?«

Ich wußte keine Antwort. »Hitlers SA gibt die Bilder heraus«, belehrte er mich.

Am nächsten Tag erzählte ich Eugen und Bruno die Neuigkeit.

Sie staunten Bauklötzer, speziell Bruno, der doch sonst alles wußte.

Bereits beim nächsten Zusammentreffen mit Erwin brachte Bruno ihn in Verlegenheit. »Rochste nua de Zijaretten oda biste ooch inne SA?« fragte Bruno ihn.

Erwin, auch sonst kein guter Redner, verschlug es die Sprache. Wir schüttelten ungläubig den Kopf. Was Bruno so hervorbrachte!

»Mensch, Erwin, bist doch unsa Freund, wia vafeifen dia nich.«

Erwin schwieg trotzdem. Bruno ließ nicht lokker. »Mußt doch inne SA-Uniform janz schnieke aussehn. Bis jetzt habn wa dia nua in Mantel jesehn. Azähl, wata allet inne Uniform macht. Wenna maschiert, siehtet bestimmt zackig aus. De Kommune marschiert wie 'ne Hammelherde.«

Erwin wurde wütend. »Halt's Maul, sonst krichste eens druff. Rotzneese, aba son richtjer Neunmalkluga!«

Wir spürten, Erwin hätte Bruno am liebsten verdroschen. Zornig ließ er uns stehen. Ich sagte zu Bruno: »Dufte, wie du Erwin auf die Schippe genommen hast. Der ist bald geplatzt.«

Bruno hörte mir kaum zu. Ihn hatte Erwins Verrat schwer getroffen.

Mit Zigarettenbildern war es vorbei. Erwin machte einen großen Bogen um uns. »Bei dem hamwa bis inne Steinzeit verschissen«, behauptete Eugen, womit er sich wohl nicht zufriedengeben wollte.

War es richtig, daß wir uns um Erwins Privatangelegenheiten kümmerten? Wir fanden keine Antwort.

Was wir als große Entdeckung ansahen, war den Erwachsenen längst aufgefallen. Nicht nur die Koppenstraße empörte sich darüber, daß der Sohn des Limonadenfabrikanten die SA-Uniform unterm Mantel versteckte. In den Lokalen fragten sich die Arbeiter, ob der Budiker nicht auch bald ein braunes SA-Hemd tragen würde. Die Fragen wurden verstanden, und die Limonadenbude verlor einen Kunden nach dem anderen.

Eines Tages lauerten beherzte Arbeiter Erwin im Morgengrauen auf, spannten ihm die Pferde aus und kippten den vollbeladenen Pferdewagen um.

Als wir das hörten, tat uns Erwin leid. Das hatten wir ihm nicht gewünscht.

Nach Monaten verlor die Limonadenfabrik den letzten Kunden und ging pleite. Erwin aber hatte vorgesorgt, trug nun am Tage die Eisenbahner-Uniform und nach Feierabend seine SA-Uniform.

Bruno, Eugen und ich hingen das Sammeln von Zigarettenbildern an den Nagel.

Der Ernst des Lebens beginnt

Der Kohlenhändler holte uns manchmal sogar sonntags, damit wir ihm halfen, die Güterwagen schnell zu entladen. Nicht am gleichen Tage entleerte Waggons kosteten ihn viel Standgeld, sonntags verdoppelte es sich sogar.

Eugen und ich arbeiteten gern bei ihm, denn wir verdienten an solchen Tagen jeder bis zu zehn Reichsmark.

Im Sommer leisteten wir uns danach ein Bad in der Spree an der Schillingbrücke. Damals gab es dort noch ziemlich sauberes Wasser. Wir ließen uns von einem an der Kette liegenden Rettungskahn hinunter und achteten darauf, daß uns die Polizei nicht bemerkte. Wegen des starken Dampferverkehrs war das Baden innerhalb der Stadt verboten. Anschließend blieben wir auf den Steinstufen sitzen und beobachteten den regen Betrieb auf dem Wasser. Auf Frachtkähnen wurden Kohlen, Sand, Kies sowie Holzladungen befördert. Aus den Ribbeckschen Ziegeleien in Gransee und Zehdenick holten die Frachtkähne Mauersteine und Dachziegel nach Berlin.

Nicht jeder Schiffseigner konnte oder wollte sich mit seinem Frachtkahn an einen Schlepper hängen, weil er dafür Schleppgeld bezahlen mußte. Sie heuerten Familien an, die auf dem Frachtkahn wohnen durften, und ließen die Kähne durch Menschenkraft vorwärts bewegen. Die Frachtkähne hatten links und rechts auf dem Deck Laufbretter, auf denen Männer, Frauen und die größeren Kinder das Boot mit langen Stangen vorwärts stakten. Solch ein Transport war lange unterwegs, bis er sein Ziel erreichte.

Eugen traf den Nagel auf den Kopf: »Da iss unsre Arbeit in de Kohle ja 'n Puppenspiel!«

Die kleinen, mit starken Maschinen ausgerüsteten Schleppdampfer zogen sechs bis acht Frachtkähne, die ihren Bestimmungsort in kürzester Zeit erreichten.

Zwischendurch tauchten Vergnügungsdampfer der Stern- und Kreisschiffahrt sowie der Reederei Nobeling mit ihren Dampfern der Wintermärchenklasse auf, die ihre Fahrgäste zum Müggelsee oder nach Woltersdorf beförderten. An den Dampferanlegestellen Bahnhof Friedrichstraße, Jannowitzbrücke, Schillingbrücke und Oberbaumbrücke konnten die Fahrgäste zusteigen. Von diesen Dampfern klang flotte Musik zu uns herüber.

Alltags drückten wir noch immer die Schulbank, doch sehnte mancher von uns den Entlassungstag herbei. Die neuen Lehrer bemühten sich, uns für die Hitler-Jugend zu gewinnen. Sie warnten uns, daß wir ohne HJ-Zugehörigkeit kaum eine Lehrstelle finden würden.

Am 4. März 1934 hatte ich Konfirmation. Ein herrlicher Vorfrühlingstag, den ich nicht vergessen werde. Das erste Mal in meinem Leben trug ich einen kompletten Anzug, Jackett, Weste und lange Hose. Dazu schwarze Halbschuhe und einen richtigen Herrenhut.

Der dunkelblaue Kammgarnanzug war teuer, er kostete im Herrengarderobengeschäft von Schulze & Co., Ecke Koppenstraße/Große Frankfurter Straße, 79 Reichsmark. Die Schuhe waren für 6,90 Reichsmark von Leiser in der Andreasstraße. Den Hut schenkte mir Mutters Krankenschwester, eine Sonderanfertigung der Firma Hut-Scholtze, Weberstraße. Bei meiner Kopfgröße 59 paßte mir kein Serienhut.

Ich fühlte mich in diesem Aufzug recht unglücklich. Als Vierzehnjähriger war ich mit 1,40 m ziemlich klein geraten. Die Kumpel aus der Koppenstraße riefen mir nach: »Kiekt mal, een Hut mit Beene!« Ich hätte sie am liebsten verdroschen.

Bevor wir zur St.-Markus-Kirche gingen, zupfte die ganze Familie an mir herum. Da wurde die schwarze Fliege am weißen Stehkragen zurechtgerückt. Dann sollte ich den Hut nicht so gerade aufsetzen, etwas zum linken Ohr versetzt sehe flotter

Sankt-Markus-Kirche

aus. Ein Zweireiher werde immer zugeknöpft getragen. Meine Schwester fummelte immer wieder an meinem Kavalierstaschentuch herum. Diese Gängelei trieb mir vor Wut die Tränen in die Augen. Gehörte das alles zum Erwachsensein?

Pfarrer Cramer hatte das Zeremoniell in der Kirche mit uns gründlich durchexerziert.

Links von dem Altar saßen jeweils sechs Jungen in einer Stuhlreihe nebeneinander. In der Mitte blieb ein Gang frei. Rechts saßen in gleicher Weise die Mädchen. Insgesamt waren wir 114 Konfirmanden im Altarraum.

Nach einer kurzen Predigt des Pfarrers mit Hinweisen auf unseren Eintritt in den Kreis der Erwachsenen und der Ermahnung, der Kirche treu zu bleiben, erfolgte die Einsegnung der Konfirmanden. Hierzu begaben sich immer sechs Jungen oder Mädel zum Pfarrer vor den Altar. Für jede Gruppe wurde der Bibelspruch verlesen und durch Auflegen der Hand des Pfarrers auf die Köpfe der Segen erteilt. Das dauerte seine Zeit.

Mir schwirrten dabei viele Gedanken durch den Kopf. Jetzt sollte ich also erwachsen sein. Und das bei meiner Größe. Wenn die langen Hosen und der Hut Merkmale dafür darstellen sollten, müßte ich in Zukunft nur noch in dieser Aufmachung herumspazieren. Durch Bibelspruch und Segen allein kann ich doch nicht die Reife der Erwachsenen bekommen. Beinahe hätte ich mich versündigt und das alles als Theater bezeichnet.

Nun rief der Pfarrer die Konfirmanden und ihre Eltern zum Empfang des heiligen Abendmahles nochmals zum Altar. Erst danach waren wir vollwertige und gleichberechtigte Mitglieder unserer Kirche. Dazu gehörte auch, daß wir Kirchensteuer bezahlen durften.

Nach Beendigung der Konfirmationsfeier bemühten sich mein Vater und Schwester Auguste, meine Mutter nach Hause zu bringen. Hatte sie sich zuviel zugetraut, als sie zur Kirche mitging?

Daß für mich keine große Feier stattfand, lag nicht nur am Gesundheitszustand meiner Mutter, sondern auch am Geldbeutel.

Als ich am Nachmittag durch die Koppenstraße ging, mußte ich mich natürlich von den Kumpeln bewundern lassen. Eugen gehörte zur Andreaskirche und hatte erst eine Woche später Konfirmation. Er wollte meinen Hut ausprobieren, der ihm bis über die Ohren rutschte. »Mensch, dadrinne vasauf ick ja«, stellte er fest.

Die älteren Jungen forderten mich sofort heraus. »Jetzt biste een richtja Erwachsna«, sagte der zwei Jahre ältere Martin, »jetzt mußte ooch roochen.« Dabei steckte er mir seine brennende Zigarette in den Mund. Die Folgen waren furchtbar. Ich versuchte einen Zug zu machen, verschluckte mich, wurde von einem Husten befallen und war völlig außer Atem. Zu allem Unglück bekam ich auch noch Nasenbluten. Und für Eugen war das alles ein Gaudium. »Sowat will een Erwachsna sinn. Hasta wenigstens vorher de Hosen zujebunden?«

An diesem Tag wollte ich von keinem Kumpel mehr etwas wissen.

Zum Ausklang des Tages bedankte ich mich bei meinen Eltern. Vaters Hinweis, ich hätte durch meine Arbeit manche Mark für die Konfirmation beigesteuert, ließ mich ordentlich stolz werden.

Ende März 1934 wurden wir aus der Schule entlassen. Die Feier hierzu fand in unserer Turnhalle statt, die nach dem Umbau durch wenige Hand- und Schaltergriffe in einen Saal mit moderner Bestuhlung und Bühne verwandelt werden konnte.

Die Bühne und das darauf stehende Rednerpult waren mit Hakenkreuzfahnen behangen. Selbst von der Decke hingen Fahnen herab. Während mehr als die Hälfte der Schulabgänger in HJ-Uniform erschienen war, trugen der größte Teil meiner Klassenkameraden und ich den Konfirmationsanzug.

Der neue Direktor hielt eine salbungsvolle Ansprache, in der er hauptsächlich von den Pflichten sprach, die nun auf uns als junge Staatsbürger zukämen. »Der Führer blickt vertrauensvoll und stolz auf euch. Ich weiß, ihr werdet euern geliebten Führer nicht enttäuschen«, rief er uns zu. Als er davon sprach, welche Chancen wir für die berufliche Zukunft hätten, dachte ich daran, wie viele nutzlose Versuche ich unternehmen mußte, bevor ich eine Lehrstelle gefunden hatte, die dann überhaupt nicht meinen Berufsträumen entsprach. Wie viele Schulabgänger mögen überhaupt der hochtrabenden Rede des Herrn Direktors zugehört haben?

Als der Schulchor unter Herrn Breils Leitung das Lied »Abschied, ernste Feierstunde« sang, war es mit meiner Fassung vorbei. Mir liefen unaufhaltsam die Tränen. Herr Schramm saß neben mir und sah mich verständnisvoll an.

Jetzt wurde mir erst so richtig bewußt, daß es ein Abschied für immer war. Alle frohen und trüben Stunden hatten wir in der Klassengemeinschaft erlebt. In Zukunft mußte ich alles allein durchstehen.

Zum Abschluß der Feier wurden das Deutschlandlied und das Horst-Wessel-Lied gesungen. Ich konnte keinen Ton über meine Lippen bringen.

Der immer noch auf der Bühne stehende Chor und Herr Breil bemühten sich, den schleppenden Rhythmus des Gesanges zu beschleunigen. Der Bühnenrand war zur Feier des Tages mit Blumenkästen dekoriert. In seinem Eifer machte Herr

Breil beim Dirigieren einen Schritt zu weit rückwärts, stieß dabei gegen die Dekoration, und die Blumenkästen fielen mit Getöse von der Bühne. Dieser Paukenschlag und die entstandenen Scherben waren bestimmt nicht im Programm eingeplant. Oder konnte der Vorfall als ein Hinweis auf die Zukunft angesehen werden?

Unser Lehrer, Herr Schramm, hatte seine Klasse noch einmal im Klassenraum versammelt, um sich von jedem Schüler extra zu verabschieden. Dabei bekamen die guten Schüler von ihm ein Buch mit seiner Widmung als Abschiedsgeschenk.

Ein Lebensabschnitt ging zu Ende. Was würde uns die Zukunft bringen?

Walter K. fehlte bei der Abschiedsfeier wegen Krankheit. Ich hatte ihm zeitweise Nachhilfestunden gegeben. Nun sollte mein Krankenbesuch gleichzeitig auch ein Abschiedsbesuch sein, denn Walter ging außerhalb Berlins in die Lehre. Leider traf ich niemanden an.

Ich wollte vor der Haustür warten, als mir jemand aus der zur Straße gelegenen Kellerwohnung zurief: »Willst bestimmt zum Walter. Der ist mit seiner Oma einkaufen. Müssen bald zurückkommen!«

Der Rufer war ein beinloser Kriegsinvalide. Ich sah ihn verwundert an, denn er saß zum ersten Mal in einem Rollstuhl. An seinem Jackett waren auf der linken Brustseite das Eiserne Kreuz 1. Klasse und ein Verwundetenabzeichen sichtbar angesteckt.

»Da staunst du, was? Früher mußte ich auf 'nem harten Küchenstuhl hocken. Jetzt hab' ich 'nen gepolsterten Rollstuhl, kann fahren, wohin ich will. Ich bekomme eine anständige Kriegsrente. Das habe ich dem Hitler zu verdanken. In dem einen Jahr seit der Machtübernahme hat der für mich

Kriegsinvaliden sehr viel getan, und ich bin ihm dankbar dafür. Bei den Sozis wäre ich ja bald verhungert.«

Monate vor der Schulentlassung hatte ich mich bereits um eine Lehrstelle als Flugzeugmechaniker bei der Berliner Flughafen Gesellschaft in Tempelhof beworben. Obwohl ich ein sehr gutes Vorabzeugnis eingereicht hatte, bekam ich eine Absage. Es wurden nur Bewerber mit der mittleren Reife eingestellt. Es war also doch ein Fehler, daß ich nicht am Andreas-Realgymnasium ausgehalten hatte.

Vater war dagegen, daß ich zur Deutschen Reichsbahn ging, die er und seine Kollegen nur »Klamottenbahn« nannten. Trotzdem bewarb ich mich dort als Lehrling für die mittlere Laufbahn. Ich erhielt wieder eine Absage. Die Nazis hatten neue Verordnungen über die Zulassung zum Studium herausgegeben. Es durfte nur noch eine begrenzte Zahl von Abiturienten zu den Hochschulen. Der Rest wurde als Dienstanfänger bei der Reichsbahn, Reichspost, den Finanzämtern und anderen Behörden untergebracht, wo sie die mittlere oder höhere Beamtenlaufbahn einschlagen sollten.

Die Zugehörigkeit zur Hitler-Jugend hätte mich vor diesen Absagen auch nicht bewahrt.

Nun versuchte ich mein Glück bei der Berufsberatung in der Neuen Schönhauser Straße. Nach verschiedenen Eignungsprüfungen wurde mir geraten, einen kaufmännischen Beruf zu erlernen. Ich bekam auch sofort eine Lehrstelle zugewiesen. Auf der blauen Karte stand als Lehrfirma:

Beulke & Co., Kommandit-Gesellschaft,
Mineralöle und -Fette,
Technischer Industriebedarf,
Berlin N. 24.

Mein Vater ging mit mir zur Oranienburger Straße 58, um mich dort vorzustellen. In der Durchfahrt zum zweiten Hof der Weinkellerei »Kaiserhof« fanden wir ein Emailleschild mit dem Namen der Lehrfirma.

Der Inhaber sah mich aufmerksam an. Offenbar entging ihm meine Enttäuschung über den bescheidenen Sitz der Firma auf dem Hinterhof nicht.

»Sie werden sich bestimmt etwas anderes vorgestellt haben, als eine so kleine Firma vorzufinden. Wir haben auch einmal bessere Zeiten gesehen. Die ›Osthilfegesetze‹, die die Regierung Brüning 1930 erlassen hat, um die ostelbischen Junker zu entschulden, haben mehr als genug Firmen, die die Landwirtschaft belieferten, an den Rand des Ruins gebracht. Mein Betrieb stand dadurch auch kurz vor der Pleite. Jedenfalls kann ich Ihnen versichern, Ihr Sohn wird eine solide, gute Ausbildung erhalten«, sagte er zu meinem Vater und verabschiedete uns mit Handschlag.

Für die nächsten drei Jahre schien meine Zukunft gesichert.

Das Lehrlingsentgelt betrug monatlich 20 Reichsmark und erhöhte sich jedes Jahr um 5 Mark. Nach Abzug der Lohnsteuer und Angestellten-Versicherung bekam ich zum Monatsende 17,26 Reichsmark ausgezahlt. Davon mußte ich 12 Mark Kostgeld zu Hause abgeben.

Welch ein Wandel war in meinen Tagesablauf gekommen. Frühmorgens verließ ich kurz nach sieben Uhr die elterliche Wohnung. Den Weg zum Geschäft legte ich zu Fuß zurück. Von acht Uhr bis siebzehn Uhr, sonnabends bis fünfzehn Uhr, war Arbeitszeit, bei fünfzehn Minuten Frühstücks- und dreißig Minuten Mittagspause. Nach Geschäftsschluß durfte ich mich noch mit Postsen-

Meine Lehrfirma Beulke & Co. in der Oranienburger Straße

dungen und Nachnahmen auf dem Postamt N. 24, Ecke Oranienburger und Artilleriestraße anstellen, bevor ich zu Fuß heimwärts marschierte.

Mir mißfiel, daß ich wöchentlich einmal die Gemeinschaftstoilette scheuern mußte. Auch Staubwischen auf den Schreibtischen und Ausfegen der Büroräume gehörten zu meinen täglichen Pflichten, denn eine Reinemachefrau konnte sich der Betrieb nicht leisten.

Wenn der Lagerarbeiter krank wurde, hatte ich sogar die Etagenheizung zu bedienen. Dafür bekam ich ein Extra-Handgeld.

In der Berufs- und Fachschule für kaufmännische Lehrlinge am Bahnhof Friedrichstraße merkte ich, daß ich den Lehrlingen aus den Großbetrieben in vielen Dingen weit voraus war, weil ich in meinem Betrieb vom ersten Tage an zu allen vorkommenden Arbeiten herangezogen wurde.

Eines Tages fragte mich der Chef: »Bist du überhaupt in der Hitler-Jugend?«

Als ich verneinte, sagte er: »Richtig! Setz dich lieber auf die Hosen und besuche eine Abendschule. Buchhaltung, Stenografie und Schreibmaschinenkenntnisse sowie später vielleicht noch eine Fremdsprache zu erlernen bringt mehr Nutzen, als sich im Kriegsspiel zu üben. Melde dich zu den betreffenden Kursen an, die Gebühren dafür bezahle ich.« Natürlich war die Großzügigkeit meines Chefs nicht ganz selbstlos, sollte ich doch das erworbene Wissen zum Nutzen der Firma anwenden.

Jeden zweiten Tag in der Woche ging ich also nach Feierabend in die Schule. Manchmal brummte mir der Schädel.

Im Winter habe ich die Abendschule ab und zu geschwänzt. Ich ging dann in den Friedrichshain Schlittschuh laufen. Die 400-Meter-Aschenbahn im Sportstadion wurde zur Eislaufbahn gespritzt.

Wir nannten sie »Verlobungsring«, weil sich hier viele junge Menschen beim Schlittschuhlaufen kennenlernten. Meine ehemaligen Kumpel waren täglich dort.

»Pauk nicht so viel«, riefen mir Heinz und Georg zu.

Nachdem ich den Wechsel Schule – Lehrzeit gut überstanden hatte, ging ich mit Freude ins Geschäft. Bald rief mich der Chef zu einem kurzen Stenogramm, das ich dann auf der Schreibmaschine in einen Brief umsetzen mußte. Auch einfache Buchhaltungsarbeiten und das Führen der Portokasse gehörten zu meinem Aufgabengebiet.

Einmal hatte ich beim Addieren einer Journalseite zwischen Soll und Haben sowie der Betragsspalte eine Differenz von zwei Pfennigen. Ich machte Überstunden, um den Fehler zu finden. Meinem Chef gefiel das. »Wäre der Fehler in der Kasse gewesen, hättest du die zwei Pfennige aus eigener Tasche hineinlegen können«, foppte er mich.

»Damit wäre der Fehler ja nur verschleiert worden«, war meine Antwort.

Der technische Industriebedarf mit seinen unzähligen verschiedenen Artikeln interessierten mich besonders. Das Einprägen der Artikel und ihrer Preise verlangte ein gehöriges Maß an Fleiß.

Dazu kamen noch die vielen Ölsorten, vom einfachen Nähmaschinenöl bis zu den Spezialölen und -fetten.

1934 traten meine Kollegen und ich der Deutschen Arbeitsfront – DAF – bei, die mit billigen Ferienreisen und anderen Vergünstigungen warb. Ich bekam tatsächlich eine Reise nach Oybin, 14 Tage mit Bahnfahrt und Vollpension für 35 Mark.

Das Geld dazu hatte ich mir mühselig gespart.

Leider fehlten mir ja jetzt die Verdienstmöglichkeiten aus der Schulzeit. So mußte ich mich mit dem Geld zufriedengeben, das ich vom Chef als Handgeld für Extra-Arbeiten bekam. Sonnabends erhielt ich für das Waschen seines Autos eine Mark.

Als die Sparerei auf den »Kraft durch Freude«-Volkswagen begann, schickte die DAF geschulte Werber in die Betriebe, um recht viele Arbeiter und Angestellte für die Finanzierung des Vorhabens zu begeistern. Von unserer Firma ließ sich nur unser neuer Prokurist darauf ein. Sein fast bezahltes Auto fuhren später die Soldaten in den Krieg.

Im dritten Lehrjahr übertrug mir der Chef die Urlaubsvertretung unserer ersten Bürokraft. Er fragte mich: »Traust du dir die Sache zu? Jetzt kannst du beweisen, was du gelernt hast.«

Ich gab mir große Mühe. Allerdings brauchte ich manche Überstunde, um alles zu schaffen.

Im Privatleben vermißte ich meinen Freund Eugen sehr. Obwohl er mir mit seiner Schwerfälligkeit im Lernen oft auf die Nerven gegangen war, hatte mich sein vorlautes, schnoddriges Berliner Mundwerk doch immer wieder zum Lachen gebracht. Er kam nur noch selten nach Berlin. Meist besuchten ihn seine Eltern in Guben, wo er den Beruf eines Fleischers erlernte. Eugen trat der Marine-Hitler-Jugend bei, weil er nach der Lehre zur Kriegsmarine wollte. Mit 19 Jahren fand er Anfang 1940 vor der englischen Kanalküste den Tod.

Heinz H., mit dem ich im letzten Schuljahr auf einer Bank gesessen hatte, lernte bei der Firma Karst & Co., Tapeten, Fußbodenbelege und Gardinen, in der Andreasstraße und am Schlesischen Bahnhof in den Stadtbahnbögen ebenfalls Kaufmann. Er mußte auch sein ganzes Lehrlingsgeld zu

Hause abgeben. »Wenn ich erst mal Kaufmann bin, dann hole ich alles Versäumte nach«, prophezeite er mir. Mit 21 Jahren starb er »für Führer, Volk und Vaterland«.

Im Sommer radelten wir manchmal zum Deutschen Bad nach Treptow. Es lag mitten in der Spree und war nur über die Fußgängerzugänge der Treptower Brücke zu erreichen.

Oder wir fuhren zum Feuerwerk nach Treptow. Die Veranstaltung »Treptow in Flammen« war damals schon eine Attraktion. Auf der Brücke zwischen Zenner und der Liebesinsel, der heutigen Insel der Jugend, gab es jeden Mittwoch ein Feuerwerk. Man konnte mit der Straßenbahn 82 durch den Spreetunnel unter der Spree hindurch zur Endstation am anderen Ufer fahren. Die restliche Wegstrecke wurde zu Fuß zurückgelegt. Tausende von Menschen verfolgten in den Abendstunden das imposante Feuerwerk.

Waren wir gut bei Kasse, leisteten wir uns bei Zenner oder im Paradiesgarten eine Schorle oder einen Apfelsprudel. Der »Stralauer Fischzug« war ebenfalls ganz nach unserem Geschmack. Am Eröffnungstage wanderten wir über die Mühlenstraße und Stralauer Allee nach Alt-Stralau und bewunderten die vielen bunten Schaubilder über die alten Fischertraditionen. In Alt-Stralau lockten uns Würfelbuden und marktschreierische Schausteller zum Geldausgeben. In allen Lokalen wurde bis Mitternacht getanzt. Wir kehrten gern bei Mutter Tübbecke ein, einer Urberlinerin, die für uns Jugendliche ein offenes Herz und für Getränke die billigsten Preise hatte.

Die dreijährige Lehrzeit verging recht schnell. 1937 legte ich die Kaufmannsgehilfenprüfung ab. Auch auf staatspolitischem Gebiet mußten wir unser »Wissen« unter Beweis stellen.

»Wie lange wird das Dritte Reich bestehen?« lautete eine Frage. Niemand wußte es.

Die richtige Antwort hatte zu lauten: »Als guter Deutscher und überzeugter Nationalsozialist glaube ich daran, das Dritte Reich wird ewig bestehen!«

Bei der Freisprechung im Berliner Sportpalast gehörte ich zu den wenigen Lehrlingen, die nicht in HJ-Uniform antraten.

Der Chef übernahm mich mit den Worten ins Angestelltenverhältnis: »Bleiben Sie weiter so strebsam. Ich kann nicht ewig für die Firma dasein. Sie haben das Zeug, einmal in meine Fußtapfen zu treten.«

So war ich vom Lehrling zum Mitarbeiter der Firma avanciert. Mein Chef nahm mich nun häufig auf seine Geschäftsreisen in die Provinz mit. Ich sollte den großen Kreis der Stammkundschaft aus Industrie und Landwirtschaft kennenlernen. Besonders erfreut war ich über die guten Verdienstmöglichkeiten. Neben dem normalen Monatsgehalt erhielt ich Reisespesen und Übernachtungsgeld, obwohl der Chef alle meine Unkosten mitbezahlte.

Zu Beginn der Lehre war ich über den zugewiesenen Beruf nicht gerade begeistert gewesen. Jetzt fühlte ich mich in meinem Aufgabengebiet wohl und fand viel Freude an der Arbeit.

Eigentlich hätte ich zufrieden in die Zukunft blicken können. Aber vor mir lag die Arbeitsdienst- und Militärdienstzeit. Wie ich von Freunden hörte, die bereits ihre Wehrpflicht ableisten mußten, hatte sich in Hitlers Wehrmacht gegenüber früher nichts in der Art und Weise des Umgangs mit den Soldaten geändert. Ich blieb ein Gegner des Kadavergehorsams.

Im Elternhaus hatte sich die wirtschaftliche Lage

wesentlich gebessert. Nachdem unsere Mutter wieder gesund war, fielen die hohen Arzt- und Arzneikosten weg. Außerdem mußten meine Schwester und ich einen Teil unseres Gehaltes als Kostgeld abgeben. Bei meiner Schwester sparten die Eltern dieses Geld allerdings für ihre Aussteuer. Es hätte also Zufriedenheit und Harmonie herrschen können. Leider war es nicht so.

Vaters zwangsweises Ausscheiden aus dem Eisenbahndienst hatte sich nachteilig auf seinen Gesundheitszustand ausgewirkt, ihn leicht erregbar und sehr empfindlich werden lassen. Seine Ausgeglichenheit und Ruhe, die in der Vergangenheit viel dazu beigetragen hatten, die Reizbarkeit und Unzufriedenheit meiner Mutter einzudämmen, waren verschwunden. Jetzt prallten ihre unterschiedlichen Ansichten oft aufeinander. Schließlich drohte die langjährige Ehe der Eltern zu scheitern. Statt Vater und Mutter zu beschwichtigen und zur Erhaltung des Ehefriedens beizutragen, ergriffen meine Geschwister die Partei der Mutter und bestärkten sie in ihrer Absicht, sich von Vater zu trennen. Ich wußte um die innere Zerrissenheit meines Vaters und hatte von unserem Hausarzt erfahren, wie es mit seiner Gesundheit stand. Meine Bemühungen, die Eltern von der Sinnlosigkeit ihres Vorhabens zu überzeugen, schlugen fehl. Mutter bestellte den Möbelwagen und zog mit meiner Schwester in ein Leerzimmer in die Marsiliusstraße. Was sollte ich tun?

Soweit es meine berufliche Tätigkeit erlaubte, zog ich wie ein Wandervogel zwischen Koppen- und Marsiliusstraße hin und her. Ein paar Tage wohnte ich hier, ein paar Tage dort, doch blieben meine Vermittlungsversuche erfolglos.

War ich bei meiner Mutter, brachten mich ihre Gleichgültigkeit und ihr Starrsinn zur Verzweiflung. Konnte ein Mensch alles vergessen? Die Koppenstraße war für meine Mutter kein Gesprächsthema.

Blieb ich beim Vater, fragte er mich immer wieder, wie es Muttern geht und was sie nun so ohne ihn mache.

Meine Absicht, allen gerecht zu werden, zermürbte mich langsam. Ich suchte Zerstreuung und geriet dabei etwas auf die schiefe Bahn. Aus dem sparsamen Jüngling wurde ein leichtfertiger Geldausgeber. Ich hatte niemanden, mit dem ich über meine Probleme sprechen konnte.

Da wurde ich per Einschreiben zur Musterung vorgeladen. Als mir der Stabsarzt die übliche Frage nach meinem Gesundheitszustand stellte, berichtete ich wahrheitsgemäß von meiner linksseitigen Taubheit und rechtsseitigen verminderten Hörfähigkeit als Folge einer doppelseitigen Mittelohrvereiterung. Der typische »Heldenklau« mußte mich falsch verstanden haben. »Wolln sich woll drücken, junger Freund? Das Schießen werden Sie schon noch hören. Sollte Ihnen doch eine Ehre sein, unserem Führer zu dienen!«

Im Wehrpaß stand dann: Tauglich für den Waffendienst.

Mein Chef zeigte sich über das Musterungsergebnis nicht erfreut. Seine Hoffnung, ich werde für »untauglich« befunden, hatte sich zerschlagen. »Da werde ich mich bald nach einer Ersatzkraft umsehen müssen, die Sie dann einarbeiten. Es werden auch immer mehr Männer eingezogen. Vielleicht ist es besser, gleich eine Frau für Ihr Arbeitsgebiet zu nehmen«, sagte mein Chef zu mir.

Es kamen viele Bewerberinnen. Fräulein Käte wurde vom Chef als die geeignetste eingestellt. Wir staunten, mit welchem Eifer sie sich als Frau auf das technische Arbeitsgebiet stürzte.

Fräulein Käte arbeitete nun viel mit mir zusammen. Sie gestand mir, daß sie noch nie etwas mit dieser Materie zu tun hatte. Wenn sie etwas nicht sofort begreife, möge ich nicht gleich die Geduld verlieren.

Vom ersten Tage ihrer Anwesenheit hatte Fräulein Käte die Aufmerksamkeit der Kollegen, natürlich auch meine, auf sich gezogen. Schlank und rank von Gestalt, dazu ein hübsches Gesicht, war sie jedoch nicht darauf bedacht, diese Vorzüge auszuspielen. Im Gegenteil. Trotz des ihr entgegengebrachten Interesses wirkte sie bescheiden und zu jedermann freundlich. Aus der Unterhaltung während der Pausen hörten wir heraus, daß sie und ihre ältere Schwester von den Eltern streng erzogen worden waren. Es wurde Wert darauf gelegt, die beiden Töchter in gutbürgerlicher Gesellschaft zu wissen.

Manchmal stellte ich mir die Frage, was in Fräulein Kätes Kopf vorging. Wenn ich übernächtigt und zerknittert ins Geschäft kam, sah sie mich vorwurfsvoll an. Ich hatte mir bisher keine Gedanken über sie gemacht. Dabei bewies ihr Verhalten mir gegenüber, daß ich ihr nicht gleichgültig war. Sollten mich ihre vorwurfsvollen Blicke darauf aufmerksam machen? Bei diesen Gedanken befiel mich ein beschämendes Gefühl über meinen unsoliden Lebenswandel.

Eines Tages fragte sie mich nach dem genauen Weg zum Juweliergeschäft Köppen am Strausberger Platz. Sie wohnte in Reinickendorf-Ost und kannte sich im Zentrum nicht aus. Mein Angebot: »Wenn es Ihnen recht ist, begleite ich Sie, denn ich wohne in der Gegend«, wurde von ihr angenommen. Nach Feierabend spazierten wir in Richtung Alexanderplatz und weiter zur Großen Frankfurter Straße 105. Als ich mich am Ziel von ihr verabschieden wollte, sagte sie: »Sie haben es wohl sehr eilig? Vom Spaziergang bin ich hungrig geworden. Was halten Sie davon, wenn wir etwas essen gehen?« Im ersten Moment war ich etwas verdattert. Aber dann fiel mein Blick auf das Café Höferl auf der anderen Straßenseite. »Kein schlechter Gedanke! Ich könnte jetzt auch eine Tasse Kaffee vertragen. Drüben ist ein nettes Café. Wollen wir dort einkehren?«

Nachdem Fräulein Käte ihr Vorhaben im Juweliergeschäft erledigt hatte, saßen wir uns im Café Höferl gegenüber. Der Ober begrüßte mich als Stammgast und fragte nach unseren Wünschen. »Sie sind wohl hier kein Unbekannter? Ist dieses nette Café Ursache Ihrer häufigen Unausgeschlafenheit? Ich bin eigentlich nicht der Typ für Schnüffeleien. Aber in den wenigen Wochen unserer Zusammenarbeit war nicht zu übersehen, daß Sie oft übernächtigt zur Arbeit kamen. Der Chef hat das bestimmt auch schon festgestellt.«

Fräulein Käte merkte, daß mir ihre Fragen peinlich waren. »Nun laufen Sie nur nicht gleich davon. Ich meine es nicht böse mit Ihnen!«

Eigentlich war es doch nett von Fräulein Käte, daß sie sich Gedanken über mich machte.

Als ich sehr spät, von Reinickendorf-Ost kommend, die Koppenstraße erreichte, legte ich mich zufrieden ins Bett. Ich hatte jemanden gefunden, mit dem ich über mein Privatleben sprechen konnte. Dafür nahm ich gern den weiten Fußweg zur Koppenstraße in Kauf, denn ich hatte die letzte Straßenbahn verpaßt..

Wir wurden gute Freunde, fuhren gelegentlich zum Wannsee baden oder machten Ausflüge in die märkische Landschaft. Darüber verging der Sommer 1938. Ich hatte wieder zu meinem normalen Lebensrhythmus zurückgefunden. Käte und ich bemühten uns, im Geschäft nichts von unserer Freundschaft merken zu lassen. Das fiel uns schwer. Kätes Augen strahlten mich wie Sterne an. Nach Geschäftsschluß verließen wir getrennt die Firma, um uns am Oranienburger Tor oder an der Weidendammer Brücke wieder zu treffen. Bei schönem Wetter liefen wir dann bis Reinickendorf-Ost zur Mickestraße und schmiedeten Pläne für die Zukunft. Käte hatte es sogar fertiggebracht, mich zum Sparen anzuhalten, und war darauf bedacht, daß mein von ihr betreutes Sparbuch Monat für Monat ein höheres Guthaben auswies. Eine Sorge belastete uns. Käte hatte anfangs ihren Eltern empört von dem unsoliden jungen Kollegen in der Firma erzählt. In ihrem konservativen Denken befürchteten die Eltern nun, daß meine Wandlung vom Saulus zum Paulus nicht lange vorhalten würde, und so war ich als Freund ihrer Tochter nicht gern gesehen.

Mitte Oktober 1938 kam der Stellungsbefehl. »Zur Ableistung des Ehrendienstes für Führer und Vaterland haben Sie sich am 1. November 1938 bei der RAD-Abteilung 6/121 in Martinau (Oberschlesien) zu melden.« Meine Bemühungen, dieses Örtchen auf einer Landkarte zu finden, blieben ohne Erfolg. Es konnte sich nur um ein Dorf handeln.

Die Hoffnung auf Aussöhnung meiner Eltern hatte sich bisher nicht erfüllt. Der Einberufungsbefehl forderte mich zu erneutem Handeln auf. Es mußte jetzt etwas geschehen.

Der Zustimmung meines Vaters zur Versöhnung war ich gewiß. Würde meine Mutter wieder unnachgiebig bleiben?

Zu Beginn unserer Aussprache ließ sie noch immer keine Bereitschaft zum Einlenken erkennen. Erst als ich ihr von der Einberufung erzählte und sagte: »Wenn du jetzt nicht Vaters Hand ergreifst, wirst du mich auch verlieren, denn dann führt mich mein Verstand nur noch an Vaters Seite«, fand sie die Kraft, ihre Sturheit fallenzulassen. Ich wußte, wie schwer es meiner Mutter fiel, die richtigen Worte zu finden.

Wer konnte glücklicher sein als ich, dem Vater die gute Nachricht zu überbringen.

Doch es sah so aus, als sollte über den kranken Mann kein Frieden kommen. Vater hatte seine politische Einstellung wieder zu offenherzig preisgegeben. »Junge, sieh doch, wie sich unsere Straße verändert hat. Bei jeder Veranstaltung flattern aus allen Fenstern nur noch Hakenkreuzfahnen. Ich gehöre zu den wenigen, die nicht mitmachen. Unser zuständiger ›Goldfasan‹ hat mich zur Rede gestellt, worauf ich ihm antwortete, daß ich meine Gesinnung im Herzen trage und nicht aus dem Fenster hänge.«

Ich kannte den politischen Leiter und wußte, daß er in der Nachbarschaft manchen politischen Fehltritt übersehen hatte. Mit diesem Hinweis wollte ich meinem Vater die Angst vor den Folgen seines Handelns nehmen.

Am Tage meiner Abreise begleiteten mich meine ausgesöhnten Eltern zum Schlesischen Bahnhof. In der Halle erwartete mich Käte, die sich unter einem Vorwand freigenommen hatte. Ich winkte den Zurückbleibenden, bis mich der Zug ihren Blicken entzogen hatte.

In dem gottverlassenen Martinau fand ich nur noch ein Abwicklungskommando vor. Mit neuen Marschpapieren wurde ich nach Erlenbrunn bei Pirmasens, nahe der französischen Grenze, umdirigiert. Die RAD-Abteilung 6/121 hatte dort einen neuen Arbeitseinsatz für den Aufbau des Westwalles erhalten.

Koppenstraße! Ihr hatte ich eine nicht immer

frohe, aber sehr bewegte Kindheit und Jugend zu verdanken. Ich nahm viele Erinnerungen mit in die Fremde hinaus. Sie sollten mir über die Zeit der Trennung hinweghelfen, denn ich wollte sie ja wiedersehen, meine Koppenstraße.

Der Krieg war zu Ende. Die einst auf Befehl eines vom Größenwahn Befallenen auszogen, die Welt zu erobern, kehrten, gebrochen an Leib und Seele, heim. Ich gehörte zu ihnen. Freunde, die im Bezirk Prenzlauer Berg wohnten, hatten mir erste Unterkunft gewährt. Mein Vater war kurz vor Kriegsausbruch gestorben. Meine Mutter und meine Schwester nebst Kindern waren wegen des Bombenkrieges in den sogenannten Warthegau evakuiert worden. Beim Vormarsch der Roten Armee sollten sie irgendwo nach Süddeutschland umgesiedelt worden sein. Ihr Aufenthalt war mir unbekannt.

Was war aus meiner Koppenstraße und ihren Bewohnern geworden?

Ruinen und Trümmer säumten meinen Weg am Friedrichshain vorbei über den Landsberger Platz zur Friedenstraße. Dann stand ich an der Ecke Große Frankfurter und Koppenstraße. Der Krieg hatte mich hart werden lassen, aber der Anblick meiner Straße trieb mir Tränen in die Augen. Sie war niemals schön und reizvoll gewesen, aber ein Stück Heimat und Geborgenheit. Und nun lag sie in Schutt und Asche vor mir.

Während auf der linken Straßenseite mit Blick zur Rüdersdorfer verschiedene Häuser, wenn auch arg zerschunden, noch standen, waren auf der rechten Seite nur Berge von Trümmern und ausgebrannte Ruinen zu sehen. Das Kino ALHAMBRA, das Durchgangshaus zum Rose-Theater, unser Wohnhaus Nr. 60 und den Kuhstall daneben gab

Die Koppenstraße mit Blick auf die Auferstehungskirche heute

es nicht mehr. Viele Familien waren umgekommen, so auch der Kuhstallbesitzer Gabriel mit Frau und Söhnen.

Sollte diese Trümmerlandschaft für ewige Zeiten sichtbar bleiben?

Sie ist neu erstanden, meine Koppenstraße, die Straße meiner Kindheit, aus der ich ins Leben hineinwuchs, Erinnerung und Gegenwart zugleich.

Inhaltsverzeichnis